괴상하고 무서운
에너지 체험관

괴상하고 무서운 에너지 체험관

1쇄 인쇄 2020년 6월 5일
1쇄 발행 2020년 6월 22일

지은이 서해경
그린이 이경석
펴낸이 이학수
펴낸곳 키큰도토리
편 집 박은정

출판등록 제 406-251002012000219호
주소 10881 경기도 파주시 회동길 455-2, 4층
전화 070-4233-0552
팩스 0505-370-0552

* 책값은 뒤표지에 있습니다.
* 잘못된 책은 구입처에서 교환하여 드립니다.
* 이 책은 저작권자와 계약에 따라 발행한 것이므로 본사의 허락 없이는 어떠한 형태나 수단으로도 이 책의 내용을 이용하지 못합니다.

ⓒ 서해경·이경석, 2020
ISBN 978-89-98973-65-0 74300
　　　 978-89-98973-21-6(세트)

이 도서의 국립중앙도서관 출판시도서목록(CIP)은 e-CIP 홈페이지
(http://www.nl.go.kr/ecip)에서
이용하실 수 있습니다.(CIP제어번호: CIP2020020193)

어린이제품안전특별법에 의해 제품표시

제조자명 키큰도토리	**전화번호** 070-4233-0552
제조국명 대한민국	**주소** 경기도 파주시 회동길 455-2, 4층
사용연령 만 9세 이상 어린이 제품	

작가의 말

　오성시에 '통클럽'이란 동호회가 있어요. 통클럽은 몸무게가 100kg이 넘는 사람만 가입할 수 있는 '먹자 동호회'죠. 이 통클럽 회원 중에 유별나게 정의롭고, 오성시를 사랑하는 사람들이 의기투합하여 〈통신문〉을 만들었어요. 〈통신문〉은 시민이 행복하고, 정의가 상식처럼 흐르는 오성시를 만들기 위해, 오성시의 문제를 찾고 진실과 정보를 알리죠.

　그런데 얼마 전, '괴상하고 무서운 에너지 체험관'의 초대장이 통신문에 도착했어요. 통신문 기자들은 '(맛있는 음식일 것이 틀림없는) 멋진 기념품'을 받을 욕심에 어린이신문 황송하지 기자와 함께 체험관에 갔어요. 물론 에너지를 체험하고 멋진 기사를 쓸 계획도 있었답니다.

통신문 기자들은 에너지 체험관에서 에너지가 어떻게 만들어졌는지, 각각의 장점과 단점이 무엇인지 경험해요. 무섭고 괴상한 경험이었죠. 그리고 새롭고 신기한 에너지도 알게 돼요.

에너지 체험을 한 뒤, 황송하지 기자가 말했어요.

"내 주위에 얼마나 다양한 에너지가 있는지 깨달았어요. 오늘 아침만 해도……."

아침에 일어나서 환기시키려고 창문을 열었어요. 커튼이 바람에 흔들렸어요. 키우는 물고기에게 먹이를 줬고요. 어항 옆에 둔 화분에 노란 꽃이 피어서 기뻤어요. 아침밥을 먹고 씻었어요. 그 뒤에 엄마 차를 타고 학교에 갔어요. 음, 아주 평범한 일상이죠? 그런데 평범한 일상은 온통 에너지와 함께였어요.

창문을 열었을 때 커튼을 움직인 건 바람 에너지예요. 꽃이 핀 것은 그 식물이 태양의 빛 에너지를 받아서 광합성을 했기 때문이에요. 아침 식사는 전기밥솥과 가스레인지로 만들었어요. 전기와 가스 에너지를 사용했죠. 내가 먹은 음식은 몸속에서 소화되면서 화학 에너지로 변했어요.(내 물고기들도 마찬가지고요.) 그 화학 에너지 덕분에 저와 물고기가 살아서 움직일 수 있죠. 참, 움직이는 물체는 운동 에너지를 가지고 있어요. 차를 타고 학교에 갔을 때도 에너지를 썼어요. 차를 움직이게 한 에너지원은 석유죠.

와! 황송하지 기자는 석유, 석탄 같은 화석 연료뿐 아니라 동식물이 만드는 에너지와 자연환경 에너지까지 사용하고 있군요. 여러분도 다양한 에너지를 사용하고 있을 거예요. 어떤 에

너지인지 소개해 줄 수 있나요? 당장 대답할 필요는 없어요.
 먼저, 통신문 기자와 함께 '괴상하고 무서운 에너지 체험관'에 가 보자고요.

뻥제로신문 통신문!!
통통한 기사 통신문!!

구독 문의 070-123-4567

통

황소
〈통신문〉의 취재부장으로, 별명은 통 대장이다. 기자들의 취재 독립권을 보장해 주고, 민주적으로 이끌어 가려고 한다. 하지만 회식 메뉴와 식당을 정할 때는 그런 독재자가 없다. 회식 메뉴와 식당 결정권은 통클럽 회장이 가지기에 절대 회장직을 놓치지 않으려 한다. 욱하는 성격 때문에 주위 사람들이 가끔 심장마비의 위협을 느끼기도 한다.

한별님
별명은 통스통스. 더블 통스로 불리기도 한다. 몸매만 아니라면 어디서나 봄 직한 아주 흔한 외모이며, 현장 잠입의 달인이다. 어부로, 농부로, 치킨집 배달원으로, 일식당 주방장으로 어디든 위장 잠입을 해도 절대 의심받는 일이 없다.

제갈윤
〈통신문〉의 정보통으로, 별명은 소통이다. 기억력이 비상해서 한 번 듣고 본 내용은 다 기억한다. 특히 다크 초콜릿을 먹으면 두뇌가 더욱 팽팽 잘 가동된다. 인터넷과 도서관, 신문과 뉴스 등에서 필요한 정보를 찾는 역할을 주로 한다.

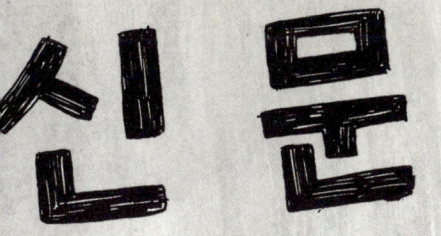

호리병

<통신문>의 홍일점이며, 이름처럼 허리가 잘록하다. 집요하기가 이루 다 말로 할 수 없을 정도여서, 어떤 상대라도 그녀를 만나면 전생의 기억까지 탈탈 다 털어놓을 수밖에 없다.

황송하지

황소의 딸. 아빠 황소와 엄마 송해의 성을 따서 이름이 황송하지이다. 무엇이든 '하자!'라는 긍정적인 정신을 가지라고 '하지'라는 이름을 지어 줬다. 별명 같은 건 유치해서 안 키운다. 그러나 이름이 저 모양이라, 황송아지라고 부르는 사람이 주변에 많다.

이상한

자칭 25년 동안 에너지만 연구한 에너지 전문가이다. 둥근 얼굴에 빨간 볼, 장난기로 가득한 눈이 번쩍인다. 동화 속 세계에 들어가거나 우주인으로 살기 등을 통해 에너지의 역사, 종류, 미래 에너지를 소개하는 '괴상하고 무서운 에너지 체험관'을 연다.

 차례

작가의 말
-6-

등장 인물
-10-

프롤로그
에너지 체험관에서 온 초대장
-14-

제1 체험실
에너지의 방
-21-

제2 체험실
태양의 방
-44-

제3 체험실
화력의 방
-67-

제4 체험실
수력·풍력의 방
-90-

제5 체험실
원자력의 방
-108-

제6 체험실
재생 에너지의 방
-133-

제7 체험실
에너지 하베스팅의 방
-156-

통신문 NEWS
-179-

 프롤로그

에너지 체험관에서 온 초대장

"우리가 다 갈 필요가 있나? 한별님, 자네만 다녀오지?"

"넵."

황소의 물음에 한별님이 고개를 끄덕였다.

"저도 가겠습니다. 저는 과학 기술에 관심이 많습니다."

제갈윤이 손을 들었다.

"저도, 저도 갈래요. 체험 학습을 가면, 학교에 안 가도 되잖아요."

황송하지도 손을 들었다.

"안 돼. 엄마가 허락하지 않을 거야."

황소가 고개를 저었다.

"아빠, 제발요. 수요일에 체육 수업이 있단 말이에요."

"아~ 저도 가겠어요. 에너지 전문가 이상한 박사가 '괴상하고 무서운 에너지 체험관'을 연다고 하잖아요. 이름도 아주 흥미로워요."

호리병이 초대장을 유심히 살피다가 고개를 들었다. 체험관은 정식으로 문을 열기 전에, 통신문 기자에게 초대장을 보냈다. 초대장에는 이상한 박사가 25년 동안 에너지만 연구한 전문가라고 소개되었다.

"아~ 체험관을 관람한 모든 사람에게 기념품을 준답니다."

"진짜요? 아빠, 나도 기념품 받고 싶어요."

"기념품……?"

황송하지의 말에 황소가 호리병을 돌아보았다.

"아~ 여기 분명히 적혀 있어요. '멋진 기념품'이라네요. 멋지다는 건, 역시 맛있다는 거죠? 아~ 체험관에서 먹을 것을 준다는 걸까?"

호리병의 말을 듣고, 갑자기 황소의 눈빛이 번뜩였다. 동시에, 다른 기자들도 하던 일을 멈추고 '멋진 기념품'을 상상했다. 침이 고였다.

"우리 모두가 가야겠군. 먹을 것, 먹을 것이 있는 곳에 가는 거다!"

황소가 박수를 치며 외쳤다. 통기자들은 정의를 세우는 것 못지않게 음식을 사랑했다. 그리고 한 달에 두 번, 배가 터지도록 맛있는 음식을 먹는 통클럽 회원이기도 했다. 참고로 통클럽은 100kg이 넘는 사람만 가입할 수 있고, 가장 무거운 사람이 회장이 된다.

"찬성!"

"그럼요."

"물론입니다."

"아~ 당연한 말씀!"

황송하지, 한별님, 제갈윤, 호리병이 고개를 끄덕였다.

"환영합니다. '괴상하고 무서운 에너지 체험관'에 잘 오셨습니다. 저는 이상한 박사입니다."

이상한 박사가 통신문 기자들을 맞이했다. 둥근 얼굴에 빨간 볼, 반짝이는 눈이 장난꾸러기처럼 보였다.

"안녕하세요. 저는 통신문 어린이 기자 황송하지입니다."

황송하지가 인사했다.

"통신문 취재 팀장 황소입니다. 이쪽부터 한별님, 호리병, 제갈윤 기자입니다."

황소가 자신과 다른 기자들을 소개했다.

"저희 체험관은 총 일곱 개의 체험실로 구성되었습니다. 에너지가 무엇인지, 어떤 과정으로 발달했으며 얼마나 다양한 에너지원이 있는지, 미래를 책임질 에너지는 무엇인지를 알 수 있죠. 그런데 그냥 체험만 하면 재미가 없죠?"

이상한 박사가 빙긋 웃었다.

"이상한 박사님, 장난꾸러기 같죠?"

황송하지가 제갈윤에게 속삭였다.

"저는 평범한 걸 싫어합니다. 지루한 건 미워합니다. 그래서 체험실마다 여러분이 완수해야 하는 미션을 준비했습니다."

"우리는 미션을 완수하러 온 게 아니라, 에너지 체험관을 취재하러 왔습니다."

황소가 인상을 찌푸렸다.

"엥? 아빠는 '멋진 기념품' 때문에 온 거 아닌가요?"

황송하지가 다시 제갈윤에게 속삭였다.

"쉿!"

제갈윤이 손가락을 입술에 대고, 황송하지에게 조용하라고 눈치를 줬다.

"물론 미션에 도전하지 않아도 됩니다. 그저 미션을 다 완수하면 특별히, 아주, 멋진……."

"도전!"

통신문 기자들이 일제히 주먹을 휘두르며 외쳤다.

"오, 고맙습니다! 사실 미션 모드는 처음이라, 저도 아주 궁금하답니다. 자 그럼, 지금부터 체험관을 미션 모드로 바꾸겠습니다."

이상한 박사의 말과 동시에, 체험관의 전등이 깜박이더니 순식간에 꺼졌다가 다시 켜졌다.

"아~ 뭔가 불길하네요."

호리병이 의심스러운 표정으로 주위를 살폈다.

"이 렌즈는 특수 제작된 렌즈입니다. 가상 현실을 체험하게 해주죠. 모두 손을 닦고, 렌즈를 끼세요."

이상한 박사가 통신문 기자들에게 렌즈를 나눠 주었다.

"뭔가 엄청 재밌을 거 같아요. 아, 기대된다."

황송하지가 두 손을 꼭 잡고 몸을 들썩였다.

통신문 기자들은 이상한 박사를 따라 '괴상하고 무서운 에너지 체험관'의 첫 번째 체험실로 들어갔다.

에너지의 방

　제1 체험실 안은 나무와 풀이 자라고, 새와 나비, 벌이 날아다녔다. 한쪽엔 놀이터가 있었다. 모래밭 옆에 축구공, 줄넘기, 훌라후프가 있고 그 옆으로 미끄럼틀, 그네, 트램펄린, 시소 등의 놀이 기구가 있었다.

　"제1 체험실은 '에너지의 방'입니다. 에너지가 무엇인지, 어떤 에너지가 있는지를 체험합니다. 그래서 이 방은 햇볕이 가장 잘 드는 곳에 있죠. 태양이야말로 에너지의 원천이니까요."

　"에너지는 무언가를 움직이게 하는 힘입니다. 그런데 태양이 뭘 움직인다는 겁니까? 설마 바람……?"

21

제갈윤이 물었다.

"제갈윤 님의 진지한 자세에 감사드립니다. 질문은 언제나 환영입니다."

이상한 박사의 얼굴에 환한 미소가 떠올랐다.

"식물이 자라고, 동물이 살아 움직이는 건 에너지 덕분입니다. 그런데 식물은 태양광 에너지(태양에서 오는 빛 에너지죠.)를 받아 자라고, 동물은 그렇게 자란 식물을 먹어 움직이죠."

하지만 이상한 박사의 설명을 듣는 둥 마는 둥, 통신문 기자들은 놀이 기구로 우르르 몰려갔다.

"이건 왜 여기 있어요? 이것도 에너지예요?"

황송하지가 트램펄린에 올라가 위로 통통 뛰어올랐다. 황소는 미끄럼틀 위에서 미끄럼대를 보았다. 아무래도 엉덩이가 낄 것 같았다. 한별님은 모래밭에 앉아 모래성을 쌓았다. 그 옆에서 제갈윤이 발등으로 축구공을 튕겼다. 다들 초등학생 때로 돌아간 기분이었다.

"아~ 누가 나를 좀 밀어 줘요."

호리병이 그네에 앉아 주위를 둘러봤다. 이상한 박사와 눈이 마주쳤다.

"저, 저요?"

이상한 박사의 얼굴에 물음표 모양이 떠올랐다.

"그네를 미는 건 제겐 너무 벅찬 일이군요. 에너지가 많이 소모될 것 같습니다."

이상한 박사가 슬글슬금 뒤로 물러났다.

"아~ 참 이상하지. 왜 아무도 내 그네를 밀어 주지 않을까?"

호리병이 허리에 양손을 얹은 채 고개를 저었다. 허리띠가 터질 듯이 팽팽했다.

"호 기자, 내가 밀어 줄게."

제갈윤이 말했다.

제갈윤은 가지고 놀던 축구공을 뻥 찬 뒤, 그네 쪽으로 걸어 갔다.

"헉!"

제갈윤이 찬 축구공이 한별님이 쌓은 모래성을 무너뜨렸다. 한별님이 제갈윤을 돌아봤지만, 제갈윤은 호리병이 탄 그네를 미느라 눈치를 못 챘다.

"아~ 이게 얼마 만인지……. 4학년 이후론 그네를 타지 못했거든요."

호리병은 허리를 앞으로 튕기며 동시에 발을 굴렀다. 그네가 높이 올라갈수록 속도가 더 빨라졌다. 호리병은 신났다.

"아~ 좀 더 세게요. 더 높이 올라가고 싶어요."

"그, 그래? 알았어, 내가 더 힘껏……."

뿌웅. 제갈윤이 얼굴이 빨개지도록 힘을 주어 그네를 미는 순간, 엉덩이 사이에서 뿡뿡 뱃고동이 울렸다. 풋, 황송하지가 웃음이 터지려는 입을 황급히 가렸다. 이상한 박사의 얼굴엔 똥 모양이 떠올랐다.

"괜찮아, 괜찮아. 동료를 사랑하는 통신문 기자들 파이팅!"

황소가 외쳤다.

"오! 사랑은 고약한 냄새와 불쾌한 소리가 나는군요. 잘 기억해 두겠습니다."

이상한 박사가 고개를 끄덕였다.

"여러분의 놀이에는 모두 에너지가 있습니다. 미끄럼틀 위에 있는 황소 님은 위치 에너지를 가지고 있습니다. 위치 에너지

덕분에 황소 님이 아래로 미끄러져 내려올 수 있는 거죠. 또 황소 님이 아래로 뛰어내리면, 위치 에너지의 힘 때문에 바닥이 푹 팰 겁니다."

"난 내 몸무게가 전혀 부끄럽지 않소! 게다가 바닥이 팰 정도로 무겁지도 않고!"

"그럼요."

황소의 말에 한별님과 제갈윤이 고개를 끄덕였다. 호리병과 황송하지는 고개를 돌렸다.

"몸무게로 놀리다니요? 전 교양 있는 사람입니다. 자, 다시 에너지에 대해 설명하겠습니다. 움직이는 축구공도 에너지가 있습니다. 제갈윤 님이 찬 축구공이 모래성을 무너뜨렸죠."

"한 기자, 미안합니다. 내가 모래성을 무너뜨린 줄은 정말 몰랐습니다."

제갈윤이 한별님에게 한 손을 들어 보였다. 한별님이 미소를 지으며 고개를 끄덕였다.

"이 트램펄린도 무슨 에너지가 있는 거죠? 내 몸이 통통 튀어 오르잖아요."

황송하지가 트램펄린 위에서 물었다.

"트램펄린은 탄성 에너지를 이용합니다. 고무줄을 잡아당겼다가 손을 놓으면 원래대로 돌아가죠. 용수철도 꾹 눌렀다가 놓으면 원래의 모습대로 펴집니다. 이런 힘을 탄성 에너지라고 합니다. 황송하지 님이 트램펄린에서 발을 구르면 트램펄린이 아래로 늘어났다가 다시 원상태로 돌아갑니다. 원래의 모습으로 되돌아오려는 힘, 즉 탄성 에너지 때문에 황송하지 님이 위로 떠오르는 겁니다."

"탄성 에너지, 운동 에너지, 위치 에너지……. 에너지는 종류도 많네."

황송하지가 트램펄린 위에서 발을 세게 구를수록 더 높이 튀어 올랐다.

"그렇습니다. 사람의 생활을 편리하게 해 주는 빛, 열, 전기 에너지 등도 있습니다. 에너지를 만드는 방법도 다양합니다."

이상한 박사가 주머니에서 카드를 꺼냈다.

"첫 번째 미션입니다. 30분 안에 열에너지를 만드십시오."

"뭐, 미션……? 벌써……?"

황소가 미끄럼틀을 타고 내려와 이상한 박사에게 다가갔다. 황송하지와 다른 기자들도 모였다.

"만약 미션에 실패하면 어떻게 됩니까?"

제갈윤이 이상한 박사에게 물었다. 제갈윤의 눈빛이 반짝였다. 제갈윤은 퀴즈, 퍼즐, 수수께끼 풀이를 좋아한다.

"이 체험실에 필요한 에너지를 만드는 에너지원이 됩니다."

"무슨 공상 과학 영화도 아니고, 사람을 에너지원으로 쓴다는 게 말이 됩니까?"

황소는 영화 속 한 장면이 떠올랐다. 사람들이 몸 여기저기에 두꺼운 호스를 낀 채 액체 속에 둥둥 떠 있었다.

"아빠는 참! 열에너지를 만들면 되지, 뭘 걱정해요?"

"아~ 송하지 말이 맞아요. 팀장님 얼굴이 벌게진 걸 보니 이미 열에너지를 만들고 계시네요."

황송하지에 이어 호리병이 황소를 놀렸다.

"그리고 미션을 완수해야 다음 체험실에 갈 수 있습니다. 욕심부리지 않고 규칙만 지키면, 무사히 체험을 마칠 겁니다. 명심하세요."

"넵, 명심하겠습니다."

황송하지가 이상한 박사를 향해 경례를 했다.

"지금부터 30분입니다."

이상한 박사가 체험실에 걸린 커다란 스톱워치를 가리켰다. 스톱워치에 '30:00'이란 시간이 표시되었다. 순식간에 10여 초가 지났다.

"으악! 뭐야, 뭐야, 뭐야? 뭐부터, 뭐부터 해야 하지?"

통신문 기자들이 우왕좌왕했다.

"대표적인 열에너지는 불입니다. 불을 피우면 됩니다."

제갈윤이 말했다.

"그래, 불, 불이면 되겠어. 그런데 불을 어떻게 만들어? 으악, 시간이 간다!"

"아빠, 선사 박물관에서 봤는데, 부싯돌에 부싯깃을 올려놓고 부시로 내리치거나 나무를 비비면 불을 만들 수 있어요."

황송하지가 기억을 떠올렸다. 황송하지는 캠핑이라도 온 듯이 신났다.

"좋아. 각자 행동 개시!"

황소가 외쳤다.

황송하지와 호리병은 새의 솜털, 마른풀을 모았다. 제갈윤은 나무 아래 널린 돌멩이 중에 단단한 석영을 두 개 골랐다. 부시로 쓸 철 조각이 없으니, 석영으로 대신할 생각이었다. 제갈윤이 큰 석영을 바닥에 놓고 작은 석영으로 내리쳤다. '탁' 하는 소리와 함께 불꽃이 튀었다.

"와, 불꽃이 막 튄다! 여기요, 이 새 솜털을 부싯깃으로 써요."

황송하지가 제갈윤 옆에 쪼그리고 앉았다. 제갈윤이 솜털을 큰 석영 위에 올리고 다시 작은 석영으로 내리쳤다.

"서둘러요. 이제 10분이 남았어요."

한별님이 스톱워치의 시간을 확인하고 외쳤다.

"으아아악! 신경질이 난다고!"

황소가 괴성을 질렀다. 벌써 26분째 무른 나무판에 단단한 나뭇가지를 비비다가 결국 폭발한 거다. 나뭇가지를 비비면, 마찰열이 생겨서 불이 만들어진다.

"아~ 연기는 폴폴 피어오르는데 정작 불은 붙지 않네요."

호리병이 한숨을 쉬었다. 호리병은 너덜너덜한 마른풀을 한 뭉치 쥐고 있었다. 불이 더 잘 붙도록 잎을 비벼서 얇게 만든 거다.

"어, 어, 어. 됐어요, 됐어요! 불이 붙었어요."

황송하지가 소리쳤다.

"정말?"

황소와 호리병이 벌떡 일어나 제갈윤에게 달려갔다.

제갈윤이 부싯돌을 내리쳐 일으킨 마찰열로 불꽃을 만들었고, 그 불꽃이 새 솜털에 옮겨붙었다. 황송하지는 냉큼 얇게 비빈 마른풀을 불붙은 새 솜털에 갖다 대었다. 그리고 부싯돌에 코가 닿을 듯 엎드려서 '호~' 하고 입으로 바람을 불었다. '풀, 풀, 엄마야, 으악, 다시, 다시, 파이팅, 땀, 땀' 등의 외침이 네 번쯤 반복되고, 드디어 마른풀에 불이 옮아 붙었다. 불은 꺼질 듯 휘청거렸다.

"휴, 아슬아슬했다. 정확하게 29분 34초 만에 열에너지를 만들었네요."

한별님이 웃었다.

"장하다, 제갈윤!"

하지만 제갈윤은 마른풀에 붙은 불을 나뭇가지에 옮아 붙이느라 정신없었다. 제갈윤은 불에 잔가지를 조심스럽게 가져다 댔다.

"열에너지를 만드는 미션은 성공했습니다. 이제 제2 체험실의 문이 열릴 겁니다. 그 불이 꺼지기 전에 제2 체험실의 문을 통과하십시오."

이상한 박사의 말이 끝나자, 거짓말처럼 미끄럼틀 옆에 커다란 입구가 나타났다. '제2 체험실-에너지의 방'이라 적힌 문이 위로 천천히 올라갔다.

"가자, 다음 미션을 풀러!"

황소가 외쳤다.

"통신문 기자 파이팅!"

황송하지도 두 손을 번쩍 들고 폴짝폴짝 뛰었다.

"으아아악! 불이 꺼졌습니다."

제갈윤이 절망스럽게 외쳤다. 그와 동시에 제2 체험실로 통하는 문이 내려오기 시작했다.

"아~ 저 문, 뭔가요? 올라갈 땐 천천히 올라가더니 내려올 땐 왜 저리 빠르죠?"

호리병이 이상한 박사를 노려봤다.

"그런 거 따질 시간 없어. 일단 달려!"

통신문 기자들이 문을 향해 달렸다. 쿵쿵쿵, 쌕쌕쌕. 발소리보다 숨소리가 더 요란했지만 황송하지, 호리병, 황소, 제갈윤과 한별님 순으로 문을 통과했다.

"이상한 박사님, 빨리 와요!"

황송하지가 애타게 이상한 박사를 불렀다. 이상한 박사도 열심히 달렸다. 얼굴이 빨개지고, 가쁜 숨을 몰아쉬었다. 하지만 노력과 결과가 일치하는 것은 아니다.

"나보다 느린 사람이 있다니, 기분 좋네요."

"아~ 사람이 저렇게 느릴 수는 없는데, 아주 이상하군요."

호리병이 이상한 박사를 보며 고개를 저었다.

"이런 경우는 예상하지 못했습니다. 나뭇가지에 불만 붙였어도 시간 여유가 있었을 겁니다. 저는 최선을 다하고 있습니다."

이상한 박사는 달렸다. 두 팔을 앞뒤 90도로 휘두르며, 두 다리도 쭉쭉 뻗었다.

"이상한 박사가 달리는 모습은 올림픽 육상 선수와 똑같습니다. 제가 장담합니다."

"아~ 그러네요. 슬로비디오 버전으로요."

"어~슬~렁~ 달려오고 있어요."

한별님이 고개를 저었다. 문은 이미, 이상한 박사의 다리만 겨우 보일 정도로 내려왔다.

"이상한 박사, 슬라이딩!"

황소가 외쳤다.

"이상한 박사, 슬라이딩!"

이상한 박사가 황소의 말을 따라 외치며, 힘차게 뛰어올랐다.

이상한 박사님, 에너지의 종류가 이렇게 많은 줄 몰랐어요. 전기랑 열만 에너지인 줄 알았거든요.

나는 지금, 심각합니다. 왜냐고요? 이제부터 에너지에 대해 설명할 거니까요. 그러니 집중해 주십시오.

먼저, 에너지가 무엇인지 알아보죠. 사실 모든 생물이 살아 있는 것, 움직일 수 있는 것은 에너지 덕분입니다.

식물이 자라고 꽃을 피우고 열매를 맺는 것은 에너지 덕분입니다. 식물은 뿌리에서 흡수한 물과 잎의 기공(잎 뒷면에 있는 구멍인데, 이 구멍으로 숨 쉬거나 수분을 공기 중에 내보내죠.)에서 받은 이산화탄소와 태양광 에너지로 광합성을 합니다. 물+이산화탄소+태양광 에너지가 영양분과 산소로 바뀌는 거죠.

영양분은 식물 속에 들어 있습니다. 그러다가 화학 변화를 해서 식물에게 필요한 에너지로 쓰입니다. 기특하게도 식물은 스스로 에너지를 만들죠.

그럼 동물은 어떨까요? 황송하지 님이(사람도 동물이죠.) 숨을 쉬고, 자라고, 사탕을 먹을 수 있는 건, 황송하지 님 몸속에 에너지가

있기 때문입니다. 황송하지 님이 먹은 음식은 영양분이 되어 몸속에 저장됩니다. 그리고 영양분은 화학적으로 변해서 에너지가 됩니다. 결국 음식을 먹는 건, 음식 속에 있는 에너지를 먹는 거죠. 이렇게 물체 속에 저장되었다가, 화학 변화를 하는 에너지를 화학 에너지라고 합니다.

  식물과 동물만 에너지가 필요한 건 아닙니다. 컴퓨터, 텔레비전, 휴대 전화, 전기 청소기, 전등 같은 물건이 일하려면 에너지가 필요합니다. 이런 물건들에, 식물처럼 물을 주고 태양광 에너지를 쬐게 하면 어떨까요? 그렇습니다. 고장 납니다.

　가전제품, 전등, 지하철 등을 작동시키려면 전기 에너지가 필요합니다. 아마 황송하지 님이 가장 많이 사용하는 에너지도 전기 에너지일 겁니다.

　빛도 에너지를 가지고 있습니다. 빛이 무슨 에너지가 있냐고요? 에이, 위에서 태양광 에너지로 식물이 화학 에너지를 만들었다고 설명했잖아요. 사람도 태양광 에너지를 쬐야 몸속에서 비타민D가 만들어집니다. 전등의 불빛과 레이저도 빛 에너지입니다. 빛 에너지가 없으면 세상이 어두워지고 우리는 앞을 볼 수 없을 겁니다.

　태양은 열에너지도 가지고 있습니다. 그럼, 열에너지는 어떤 일을 할까요? 주전자에 물을 넣고 가스 불로 끓이면, 물이 뜨거워지죠? 그렇습니다. 불의 열에너지가 물의 온도를 바꾼 거죠. 초에 불이 붙으면 초가 녹습니다. 촛불의 열에너지가 초의 모습을 바꾸는 거죠. 이렇게 열에너지는 사물의 온도와 모습을 바꾸는 힘이 있습니다.

그런데 놀이 기구는 살아 있지도, 움직이지도 않는데 왜 에너지가 필요하죠?

　놀이 기구는 다양한 에너지를 이용합니다. 제갈윤 님이, 무언가를 움직이게 하는 힘이 에너지라고 말했죠? 놀이 기구는 어떤가요? 미끄럼틀, 그네, 시소, 회전목마, 롤러코스터 등은 다 움직이거나 놀이 기구를 타는 사람을 움직이게 합니다.

　황소 님이 탄 미끄럼틀을 알아볼까요? 미끄럼틀을 내려오려면 먼저, 미끄럼틀 위로 올라가야 합니다. 엉덩이 살 때문에 좀 끼이기는 했지만, 황소 님이 미끄럼틀을 타고 내려왔습니다. 황소 님이 미끄럼틀을 타고 내려온 힘은 어디에서 왔을까요? 미끄럼틀 위에 앉으면 저절로 내려오게 된다고요? 하지만 황소 님이 평평한 바닥에 앉았으면, 아무 변화도 없었을 겁니다. 결국 중요한 것은 높이입니다. 황소 님은 미끄럼틀 위에 있었기 때문에 위치 에너지의 힘으로 내려올 수 있었던 겁니다. 이처럼 높이 있는 물체(사람)는 위치 에너지가

★ 놀이기구 곳곳에 숨어 있는 에너지들

있습니다.

　위치 에너지는 높을수록 더 커집니다. 1m와 10cm 위에서 지우개를 떨어뜨린다면, 1m 위에서 떨어진 지우개에 맞을 때가 더 아픕니다. 물레방아도 물이 위에서 아래로 떨어지는 힘으로 돕니다. 높이 있는 물의 위치 에너지가 물레방아를 돌린 거죠.

　제1 체험실에서 제갈윤 님이 찬 축구공이 모래성을 무너뜨렸죠? 모래성을 무너뜨린 힘은 어디에서 왔을까요?

　그 힘은 축구공이 움직일 때 생긴 에너지입니다. 가만히 있는 축구공은 모래성을 무너뜨리지 못하니까요.

　즉, 움직이는 물체는 에너지가 있고, 그 에너지를 운동 에너지라 부르죠. 속도가 빠를수록 운동 에너지가 커집니다. 빠른 공에 맞으면 더 아프죠. 공기가 움직이는 게 바람입니다. 그래서 바람도 운동 에너지를 가지고 있습니다. 바람이 나뭇잎을 흔들고 풍차를 돌립니다.

　황송하지 님이 탄 트램펄린도 에너지를 이용한 놀이 기구입니다. 용수철이나 고무줄, 스펀지는 누르거나 늘였을 때 원래의 모습으로 되돌아가려고 합니다. 그렇게 원래의 모습으로 되돌아가는 건 탄성 에너지가 있기 때문입니다.

　새총으로 돌멩이를 날릴 수 있는 건 고무줄의 탄성 에너지 덕분입니다. 볼펜 속 용수철도 탄성 에너지가 있어서 볼펜 심을 눌렀다가 다시 제자리로 돌아가게 하죠.

　위치 에너지와 운동 에너지는 꼭 붙어 다닙니다. 다시 미끄럼틀로 알아볼까요?

 위치 에너지의 힘으로 미끄럼틀 위에서 황소 님이 내려올 수 있었죠? 그런데 내려온다는 건, 황소 님이 움직인다는 거죠. 그리고 움직이는 물체(황소 님)는 운동 에너지가 생기고요. 또 내려온다는 것은 위치 에너지가 점점 작아진다는 거죠.

 네, 맞습니다. 위치 에너지가 줄어들면서 운동 에너지로 바뀐 겁니다. 에너지는 참 신기하죠?

이것만은 기억하자!

1. 에너지란, 무언가를 살아 있게 하는 힘과 움직이게 하는 힘이다.
2. 에너지는 종류가 다양하다. 빛·열·운동·위치·탄성·화학·전기 에너지 등이 있다.
3. 식물은 태양광 에너지를 받아 광합성을 해서 에너지를 만든다. 동물은 음식을 먹어서 에너지를 만든다.

우리는 아주 다양한 에너지를 이용하고 있어. 아침에 일어나서 학교 가기 전까지, 내가 경험한 에너지들을 정리해 봤어.

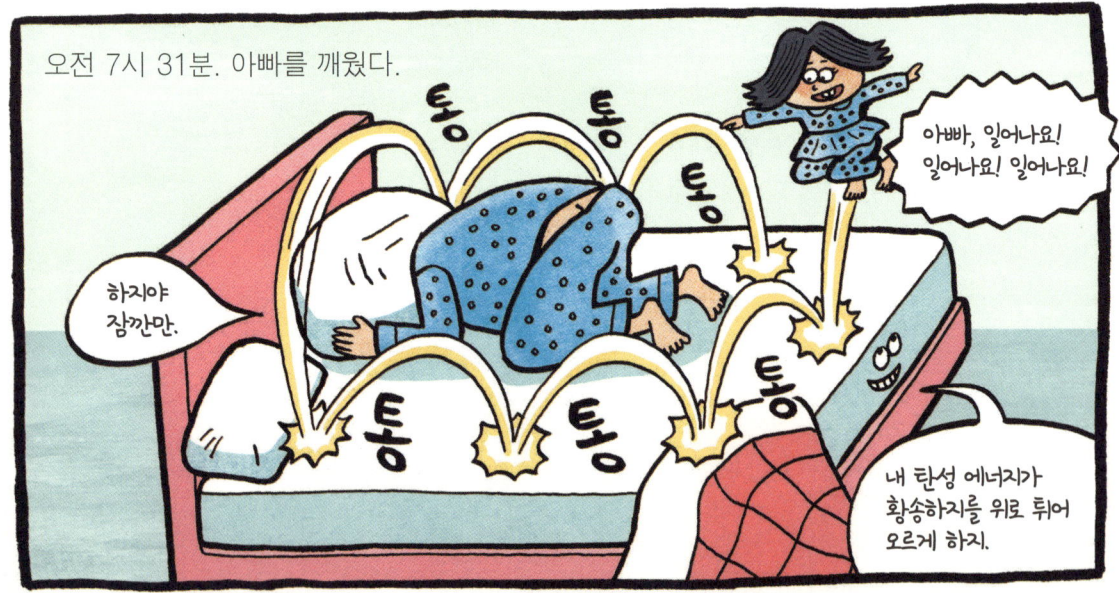

태양의 방

"이런!"

황송하지, 황소, 한별님, 호리병, 제갈윤이 문 앞에 서서, 바닥을 내려다봤다. 문 아래, 이상한 박사의 열 손가락이 꼼지락거렸다.

"이상한 박사님, 손가락 아파요?"

황송하지가 이상한 박사의 손가락을 톡톡 건드렸다.

"아프지 않습니다. 아주 당황스럽습니다."

문 저편에서 이상한 박사가 말했다. 소리는 조금 작았지만 분명히 들렸다.

"매우 아쉽지만, 여러분끼리 체험을 마쳐야겠습니다. 흠흠, 제2 체험실은 태양의 방입니다. 우리가 사용하는 에너지는 대부분 태양에서 온 것이죠? 이곳에서 태양의 고마움을 체험하게 될 겁니다."

"이제 우리가 어떻게 해야 합니까?"

제갈윤이 물었다.

"미션이 여러분을 찾아올 겁니다. 행운을 빕니다."

"그래, 우린 계속 가야 해."

"이상한 박사님, 안녕. 혼자 두고 가서 미안해요."

황송하지가 이상한 박사의 손등을 향해 손을 흔들었다.

통신문 기자들은 동굴처럼 이어진 통로를 따라 걸었다. 통로 끝에서 휘이잉, 하는 바람 소리가 들려왔다.

"아~ 이 싸늘한 느낌, 저만 느끼나요?"

앞으로 다가갈수록 공기가 차가워졌다. 매서운 찬바람에 얼굴이 얼얼하고, 온몸에 닭살이 돋았다.

"여긴……."

"남극이로세."

황소가 한별님의 말을 이어받았다. 두꺼운 눈구름이 태양을 가려서 사방이 어두컴컴했다. 눈보라가 몰아쳐서 눈을 뜨기도 어려웠다.

"저기 황제펭귄들이 와요, 엄청 많아요."

황송하지가 뒤뚱뒤뚱 다가오는 황제펭귄 무리를 가리켰다. 입이 얼어서 말을 하기도 어려웠다.

"펭귄이 있는 걸 보니, 남극인가 봅니다. 자, 여러분 뛰십시오."

제갈윤이 말했다. 제갈윤은 몸을 녹이려고, 두 손으로 온몸을 열심히 문지르면서 제자리 뛰기를 했다. 손으로 몸을 문질러서 마찰하면 열에너지가 만들어지고, 운동을 해도 열에너지가 만들어져서 따뜻해진다.

하지만 황제펭귄들이 추위를 몰고 오는지, 얼음처럼 차가운 공기가 사방에서 몰려왔다.

황제펭귄들이 통기자들을 둘러쌌다. 족히 수백 마리는 되어 보였다.

"제가 기자, 화제페귀느 고기 아 머찌?(제갈 기자, 황제펭귄은 고기 안 먹지?)"

금세 얼굴이 얼어 버린 황소가 겨우 입을 움직였다. 윗니 아랫니가 떨려서 저절로 딱딱딱 소리를 내며 부딪쳤다.

"새서만 머으거요?(생선만 먹을걸요?)"

제갈윤도 겨우 대답했다.

펭귄 중에 제일 큰 황제펭귄에게 둘러싸이니 조금 겁났다.

황제펭귄들은 고개를 좌우로 까닥이며 기자들을 쳐다봤다. 그러다 무리에서 다섯 마리가 앞으로 나와서 나란히 섰다. 뒤이어 한 마리가 무리 사이를 요란하게 비집고 앞으로 나오더니, 다섯 마리 끝에 섰다. 앞으로 나온 황제펭귄들이 동시에 두 날개를 쭉 늘려서 뱃살을 들어올렸다. 드러난 발등 위에 알이 하나씩 놓여 있었다.

"화제페귀으 다이가 기다더니, 지짜 기네.(황제펭귄의 다리가 길다더니, 진짜 기네.)"

제갈윤이 뱃살을 든 황제펭귄을 사진 찍으려 했지만, 손이 떨려 초점을 맞출 수 없었다. 결국 카메라를 바닥에 내려놓고 셔터만 겨우 눌렀다. 수백 개의 황제펭귄 다리만 찍혔다.

"아바, 아에 그짜가 이써요.(아빠, 알에 글자가 있어요.)"

황송하지 말대로 황제펭귄알마다 한 글자씩 적혀 있었다.

"마지표도 이네.(마침표도 있네.)"

한별님이 끝에 선 황제펭귄의 알을 가리키며 웃으려 했지만, 얼굴이 얼어 어색한 표정만 지었다. 피에로의 입 모양 같았다.

"여기 뭐 체허하느 고시지?(여긴 뭘 체험하는 곳이지?)"

황소가 물었다.

"아~ 얼른 미션만 해결하고 여기서 나가요. 이러다 얼어 죽겠어요."

호리병이 황제펭귄 앞으로 바짝 다가갔다. 남극의 추위도 예민해진 호리병의 입을 얼리지는 못했다.

"아~ 안녕! 난, 호리병 기자야. 이곳의 미션이 뭐니? 당장 알려 줘."

호리병의 말을 듣고, 황제펭귄이 서로 마주 보며 요란하게 울었다.

"아~ 빨리 빨리 움직여서 문장을 만들라고. 마침표 황제펭귄, 너는 빠져. 다른 황제펭귄이 움직이는 데 거치적거리잖아."

마침표가 찍힌 알을 품은 황제펭귄이 호리병을 노려보며 꿱꿱 소리를 질렀다.

"아~ 어차피 띄어쓰기도 안 하잖아."

호리병이 노려보자, 마침표 황제펭귄이 슥 시선을 내리고 옆으로 비켜섰다. 호리병은 허리띠를 바짝, 아주 바짝 조였다.

"아~ 서두르라고! 난 오리알, 타조알 프라이를 좋아해. 날달걀도 쭉 들이마시는 사람이지, 피부에 좋거든. 너희들이 느리게 움직이면, 황제펭귄알 맛이 궁금해질 거야."

황제펭귄들은 비명을 지르며 날개를 퍼덕였다. 그리고 허둥지둥 자리를 옮겼다. 곧 한 무리의 황제펭귄이 앞에 나란히 섰다.

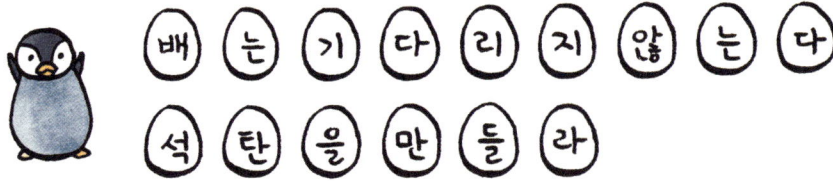

배는 기다리지 않는다 석탄을 만들라

호리병이 허리를 굽혀 글자를 읽었다.

"아~ 배가 떠난다고?"

"뭐, 배가 떠나?"

호리병의 말에, 몸을 녹이려고 토끼뜀을 하던 기자들이 호리병에게 몰려왔다. 몸에 열이 나자 입이 풀렸다.

"배가 어디 있어? 어디로 가라는 거야?"

황소가 호리병에게 물었다.

"동작 그만! 황제펭귄들은 '다' 글자 황제펭귄을 기준으로 좌우로 흩어져!"

황제펭귄들이 뒤뚱거리며 양옆으로 갈라섰다. 곧 황제펭귄 사이에 길이 나자, 그 길 끝에 바다가 보였다. 작은 부두도 있었다.

"아~ 배가 저기 있네요."

호리병이 바다 위에서 반짝이는 물체를 가리켰다.

"일단 뛰자."

통기자들이 황제펭귄 사이로 달렸다. 부두에는 얼음으로 만든 작은 배가 묶여 있었다. 황소와 한별님이 양쪽에서 얼음 노를 저었다. 바람이 부는 방향을 따라, 오른쪽으로 배를 저었다. 바다로 튀어나온 얼음 절벽을 돌자, 순식간에 태양을 가린 시커먼 구름이 스사삭 사라졌다. 태양 빛에 눈이 부셨다.

"또 무슨 일이 벌어지는 걸까요? 갑자기 열대 기후로 바뀌었습니다."

"저는 좋기만 하네요. 이제 따뜻하잖아요."

제갈윤이 걱정했지만, 황송하지는 남극을 떠나서 마음이 놓였다.

"문제는, 따뜻하면 얼음 배가 녹는다는 거지."

"앗, 그렇겠네!"

"저쪽에 섬이 보입니다."

한별님이 오른쪽을 가리켰다. 빽빽하게 나무가 자란 섬이 보였다.

하지만 얼음 배는 점점 빨리 녹고 있었다. 얼음 두께가 얇아져서, 바닷속이 들여다보였다. 한별님, 호리병, 황송하지도 배 바닥에 엎드려 손으로 열심히 노를 저었다. 다행히 얼음 배가 녹기 전에 섬에 도착했다.

"제갈 삼촌, 여기는 습지죠?"

황송하지가 제갈윤에게 물었다. 두 사람은 지난여름, 함께 한국의 여러 지형을 취재했다.

섬은 대부분이 습지였다. 수심이 아주 깊지 않은지 습지 위로 나무들이 울창하게 자랐다. 나무가 족히 20m는 되어 보였다.

"이런 나무는 처음 봅니다. 솔잎처럼 날카로운 잎이 있어요."

"우리 집이 7층인데, 우리 집보다 더 높은 거 같아요."

"아무리 봐도 이 숲의 나무는……. 제 생각에 이 나무들은 거대 석송과 거대 고사리입니다."

"고사리라고? 아, 큰 양푼에 찬밥 한 덩어리 턱 넣고, 고사리, 무채, 도라지, 시금치, 콩나물을 듬뿍 넣은 다음, 그 위에 양념 고추장을 넣고 참기름 한 방울을 똑! 슥슥 비벼서 그냥……."

"먹고 싶어요."

황소가 비빔밥 먹는 시늉을 하자, 황송하지가 침을 꼴깍 삼켰다. 다른 기자들 입에도 침이 고였다.

"아~ 다이어트고 뭐고, 여기서 나가자마자 양푼 비빔밥 삼 인분을 먹을 거예요, 반드시!"

호리병이 허리띠를 더 졸라매며 말했다.

"양푼 비빔밥 먹을 때, 나도 같이 가. 하지만 통신문의 자존심이 걸렸으니 이곳의 미션부터 완수하자고."

통신문 기자들은 습지 안으로 더 깊이 들어갔다. 바닥에 고인 물이 점점 깊어졌다.

"여기서 도대체 뭘 배우고 뭘 체험하라는 거야? 거대 고사리랑 뾰족한 거대 석송이 가득하고, 바닥엔 물이 첨벙첨벙."

황소는 배가 고파서 신경이 곤두섰다.

"이상한 박사가, 제2 체험실은 태양의 힘을 체험하는 곳이라 했습니다. 그런 의미에서 태양 에너지가 적은 남극을 체험하는 것은 적절합니다. 이곳도 분명 의미가 있을 겁니다. 그 의미를 찾아야 합니다."

제갈윤이 심각하게 말했다.

"아~ 이곳이 대단하다는 건 인정해야겠어요. 가상 현실이 아니라 진짜 같잖아요."

"맞습니다. 정말 놀랍습니다."

호리병의 말에 제갈윤이 동의했다.

"그런데 황제펭귄알에, '석탄을 만들라'고 적혀 있었잖아요. 그게 무슨 말이에요?"

황송하지가 황제펭귄알에 적힌 글을 기억했다.

"땅을 파서 석탄을 캐라는 걸까? 적어도 수십 미터는 파야 할 텐데……."

황소가 고개를 갸웃했다.

"뛰고 배를 젓느라 제 몸의 에너지가 방전됐나 봐요. 오늘 아침엔 고기반찬이 없었어요. 배고파."

한별님은 지쳐서 다른 기자의 말이 귀에 들어오지 않았다.

한별님이 옆에 선 거대 고사리에 기댔다. 물속에 뿌리가 있어서인지 고사리가 쓰러질 듯 휘청거렸다.

"어? 이게 무슨 냄새지?"

한별님이 코를 킁킁거리며 주위를 둘러봤다.

다른 기자들은 미션에 대해 얘기하며 가느라, 한별님의 말을 신경 쓰지 않았다.

"이곳은 고생대 석탄기가 분명합니다. 메가네우라 같은 거대한 곤충, 거대 고사리와 석송, 이 습지가 그 증거예요. 석탄기엔 공기 중에 산소가 많아서 생물의 크기가 컸습니다. 그리고 석탄은 이 고사리와 석송이 변한 겁니다."

제갈윤이 열변을 토했다.

"이곳엔 석탄은 없고 석탄의 재료만 있다는 거예요? 그럼 석탄을 만들라는 미션이 딱 맞아요."

"석탄을 만들 방법이 없다는 게 문제지."

황송하지의 말에 황소가 고개를 저었다.

"아~ 난 이 습지인지 숲인지를 벗어나고 싶어졌어요."

"다들 조심해. 여긴 물이 꽤 깊은 것 같거든."

기자들은 서둘렀다. 축축하고 어두운 습지는 왠지 불길했다.

쩌억.

멀리서 요란한 소리가 숲을 흔들었다. 나무가 부러지는 소리 같았다. 연달아 '철썩' 하는 소리도 들렸다. 습지의 물이 부르르

떨렸다. 기자들은 바짝 긴장했다.

"아~ 이게 무슨 소……? 으아악! 한 기자가 없어요!"

호리병이 주위를 둘러보다 펄쩍 뛰었다. 그제야 한별님이 없는 걸 발견했다.

그 사이에도 쩌억, 철썩, 하는 소리는 계속 들렸다. 소리들이 점점 가까워지고 점점 커졌다. 진동도 더 커지고 이제 몸이 흔들렸다.

통신문 기자들은 소리가 나는 쪽을 노려봤다. 마치 거대한 도미노 조각이 연이어 쓰러지듯 거대 고사리와 석송 들이 줄줄이 쓰러지며 습지에 가라앉았다. 나무들은 일행이 있는 방향으로 쓰러지고 있었다. 쓰러지는 나무 앞에서 한별님이 달려오고 있었다.

"한별님!"

황소가 외쳤다.

"모두 피해요, 물속으로!"

쩌억, 철썩, 쩌억, 철썩. 거대한 나무가 쓰러지며 물속에 잠기는 소리에 귀가 멍했다.

"거대 고사리가 덮친다. 서둘러!"

황소가 황송하지를 안고 물속으로 뛰어들었다. 다른 기자들도 뒤를 따랐다. 누군가 "마늘 소스 치킨 냄새였어. 난……." 하고 외쳤지만 거대 고사리가 쓰러지는 소리에 묻혀 그 뒷말은 들리지 않았다.

이상한 박사님, 태양의 빛과 열이 에너지라는 건 알겠어요. 하지만 태양이 없어도 형광등을 켜면 밝아지고, 보일러를 켜면 따뜻해지잖아요.

식물은 태양광 에너지로 광합성을 해서 스스로 영양분과 산소를 만들죠? 그 영양분이 화학 에너지로 변해서 식물이 살고 자라죠. 동물은 식물을 먹고요. 결국 동물이 식물 속에 있는 태양광 에너지를 먹은 셈이죠.

잠을 자면 에너지가 필요 없는 것 아니냐고요? 아닙니다. 잠을 잘 때도 우리 몸속의 기관은 움직입니다. 허파가 움직여서 숨을 쉬고, 심장이 뛰어서 피가 온몸을 돌죠. 음식을 먹고 잠들었다면, 자는 동안에도 소화 기관이 움직여서 음식을 소화시킵니다. 잠든 상태에도 내 몸은 에너지를 사용하는 것이죠.

형광등과 보일러가 태양 에너지를 대신할 수 있을까요? 태양이 사라진다면 어떤 일이 벌어질까요? 태양에서 오는 열에너지가 없으니, 지구에 있는 생물은 모두 얼어 죽을 겁니다. 이미 지구는 몇 차례의 빙하기를 겪었고, 생물의 대멸종이 있었죠. 또 태양광 에너지가 없으니, 지구에는 밤만 있을 겁니다. 황제펭귄이 사는 남극을 떠올려

보세요. 빙하에 덮여 있고, 태양이 뜨지 않는 극야 현상도 일어나죠.

그뿐이 아닙니다. 우리가 가장 많이 사용하는 에너지원(에너지 자원)은 석유, 천연가스, 석탄입니다. 석탄은, 제2 체험실에서 본 대로, 거대 고사리와 거대 석송이 변한 것이죠. 석유와 천연가스도 수백만 년 전 미생물과 식물이 땅속에 묻혀 만들어진 겁니다. 그래서 석탄, 석유, 천연가스를 화석 연료라고 하죠. 동식물 속에는 태양 에너지가 있으니, 결국 석유 등의 에너지원에도 태양 에너지가 있는 것이죠.

전기를 만드는 에너지원도 대부분 태양 에너지에서 시작된 것입니다. 화력 발전은 태양 에너지가 있는 석유, 석탄을 태워 전기 에너지를 만들고, 풍력 발전은 바람의 힘으로 전기 에너지를 만드니까요. 태양이 없으면 바람이 불지 않죠. 또 강물로 전기 에너지를 만드는 수력 발전 역시 태양 덕분입니다. 태양열 에너지 덕분에 물이 증발하고, 그 물이 비가 되어 시내와 강물을 만들죠. 또 태양열 에너지가 없었으면 물이 몽땅 얼었을 겁니다. 결국 태양 에너지가 없었다면, 형광등을 켤 전기 에너지도 만들기 어렵고, 난방을 할 석유와 천연가스는 아예 없었을 겁니다.

우리나라는 석유, 천연가스가 나지 않아요. 그러니 옛날처럼 나무를 에너지원으로 쓰면 안 될까요? 우리 동네 뒷산에 나무가 많거든요.

뜨헛! 나무를 에너지원으로요? 지금도 나무를 사용하기는 하지만, 나무를 주 에너지원으로 사용하는 건 합리적이지 않습니다. 생각해 보십시오. 대한민국의 국민이 5천만 명 정도인데, 그 사람들이 산과 들로 나아가 나무를 베어서 난방을 하고 공장의 기계를 돌린다면 어떨까요? 곧 나무가 사라질 겁니다. 나무가 없으면 산사태와 홍수가 납니다. 나무는 이산화탄소를 먹고 산소를 내보내죠. 그러니 나무가 없어지면 이산화탄소가 많아져서 지구 온난화가 더 심해지고, 산소는 부족해질 겁니다.

가장 중요한 이유는, 나무보다 더 좋은 에너지원이 있다는 겁니다. 나무(거대 고사리와 거대 석송 등)가 땅속에 묻혀 오랫동안 지구 속의 뜨거운 열과 압력을 받아 석탄이 되었습니다. 같은 크기의 석탄과 나무를 비교하면, 석탄은 훨씬 더 큰 에너지를 냅니다. 석탄이 나무보다 열량이 높은 거죠.

✶ 나무를 에너지원으로 쓰면 안 되는 이유

① 순식간에 빡빡산이 됨

② 산사태, 홍수가 일어남

③ 산소 부족, 미세먼지 증가 지구 온난화가 심해짐

④ 나무 그늘이 없어짐

아, 내가 열량이 뭔지 설명하지 않았군요. 열량은 에너지를 세는 단위인데, 칼로리(cal)로 적습니다. 1cal는 물 1g을 섭씨 1도 올리는 데 필요한 에너지의 양을 말하죠. 식품 봉투에도 그 식품이 가진 열량이 적혀 있죠. 황송하지 님이 가진 초콜릿 봉투에 100g/540kcal라 적혀 있다고요? 그건 초콜릿 100g에, 물 540kg을 섭씨 1도만큼 데울 수 있는 에너지(열량)가 있다는 겁니다.

나무보다 좋은 석탄의 장점을 좀 더 소개해도 될까요? 석탄은 다른 에너지원에 비해 가격이 쌉니다. 그리고 세계 여러 곳에 묻혀 있습니다. 우리나라에도 석탄이 있답니다. 그뿐만 아니라 석탄은 운반하고 보관하기도 쉽죠. 보관할 때도 창고나 적당한 곳에 쌓아두면 됩니다.

석탄 외에도 화석 연료가 더 있죠. 그렇습니다. 석유죠. 석유는 석탄처럼 싸고 운반과 보관이 쉽습니다.(열량은 석탄보다 높고요.) 이런 화석 연료의 장점은 화력 발전소의 장점이기도 합니다. 참, 화력 발전소가 화석 연료를 데워서 전기를 만드는 곳이란 건 아시나요?

그럼 화석 연료와 화력 발전소에 대해서는 황송하지 님이 제3 체험실에 다녀온 후에 더 설명하겠습니다.

이것만은 기억하자!

1. 태양 에너지는 에너지의 원천이다.
2. 화석 연료(석탄, 석유, 천연가스)는 아주 오래전에 지구에 살던 생물이 변해서 만들어진 에너지원이다.
3. 화석 연료는 다양하게 사용할 수 있고, 운반과 보관이 쉽다.

에너지는 계속 발달해 왔어. 나무(불)-바람과 물-석탄(증기 기관)-전기-석유와 천연가스의 순서로 발달했지. 지금도 신재생 에너지를 비롯해서 새로운 에너지와 에너지원을 찾고 있어.

석탄을 연료로 사용하는 증기 기관이 발명되어 증기 기관차, 증기선, 공장 기계에 석탄이 쓰이기 시작했다.

전기 에너지를 사용하게 되었다. 전화로 먼 거리에 있는 사람들이 대화할 수 있게 되고, 전구로 불을 밝혔다.

현재 석유와 천연가스는 가장 많이 사용되는 에너지원이다.

화력의 방

"살려 주세요. 전 아직 못 먹은 음식이 많아요."

"아~ 나도 살려 줘요. 아직 5kg 더 빼야 해요."

"딸, 아빠 딸!"

황송하지, 호리병, 황소가 저마다 소리를 지르며 발버둥 쳤다.

"갈비, 갈비, 양념 돼지갈비가 떠내려갑니다!"

"뭐, 갈비……?"

제갈윤의 외침을 듣고, 통신문 기자들이 눈을 번쩍 떴다.

"어디, 어디야? 갈비가 어딨어?"

황소가 좌우를 두리번거렸다.

통신문 기자들은 산처럼 쌓인 석탄 속에서 허우적거렸다. 모두 시커먼 석탄가루를 뒤집어썼다.

콜록, 에취, 쿨럭. 기자들이 동시에 재채기를 했다. 그 바람에 석탄가루가 풀풀 날렸다.

"이건 또 뭐야? 나 지금, 석탄에 묻힌 거냐?"

"우하하하. 아빠 얼굴이 새까매요. 우하하하."

"아~ 내 새 옷이……. 엥, 또 한 기자가 없어요!"

호리병이 옷에 묻은 석탄가루를 털다 말고 소리쳤다.

"한별님 기자! 한 기자! 별님아, 어디 있니?"

황소가 석탄을 파헤쳤다. 하지만 한별님은 보이지 않았다.

"혹시, 우리가, 미션을 실패해서 한별님 기자가……."

제갈윤이 멈칫멈칫하며 조그맣게 말했다. 이상한 박사가 '미션을 성공하지 못하면 체험관의 에너지원이 된다.'고 했던 말이 떠올랐다.

"우리 중에 단 한 명이라도 미션을 전부 완수하면 되는 거 아닌가?"

황송하지가 고개를 갸웃했다.

"혹시 한 기자가 제2 체험실에 남은 건가? 아냐 한 기자는 절대……."

"아~ 네. 늘 음식 옆에 한 기자가 남죠."

"그렇죠."

황소의 말에 호리병과 제갈윤이 차례로 고개를 끄덕였다.

"한별님 삼촌은 분명, 어디선가 마늘 소스 치킨을 먹고 있을 거예요. 아까 물에 뛰어드는 순간, 마늘 소스 치킨 냄새가 났어요. 음~ 아직도 콧구멍에 냄새가 남아 있어요."

황송하지가 흐음, 깊게 숨을 들이마시며 입맛을 다셨다.

"아~ 우리 모두 치킨 냄새를 맡았을걸요? 통신문 기자들은 먹을 거, 수상한 사건, 죄지은 사람의 냄새는 기가 막히게 잘 맡으니까."

"크하하하. 그렇지. 그럼 일단 석탄가루부터 털어 내자고. 멋쟁이 한별님이 석탄가루를 뒤집어쓰지 않아서 다행이지, 뭐."

황소가 황송하지를 한 바퀴 빙 돌리며, 옷에 묻은 석탄가루를 털었다. 티셔츠 안감으로 황송하지의 얼굴도 깨끗하게 닦아 줬다.

"저 아래 철길이 있습니다."

제갈윤이 석탄산 아래를 가리켰다.

통신문 기자들은 석탄산을 내려와 철길을 따라 걸었다. 곧 작은 기차역에 도착했다.

"'기차는 미래로 달려야 한다.'고? 음, 이게 무슨 소리지?"

황소가 역 안내판에 적힌 글을 읽었다.

역에는 증기 기관차가 서 있었다. 기관차, 화물차, 객차가 한 량씩 연결된 짧은 기차였다.

"토마스처럼 얼굴이 있어요. 아, 펭귄 얼굴이네. 귀엽다."

황송하지가 기관차 앞에 새겨진 황제펭귄 얼굴 조각을 쓰다듬었다.

"터빈 발전기가 실려 있습니다."

제갈윤이 화물차에 실린 짐을 가리켰다. 냉장고를 눕힌 것만큼 커다란 상자에는 분명 '터빈 발전기'라 적혀 있었다.

"증기 기관차에 터빈 발전기가 왜 있어?"

"그러게요. 전선까지 연결되어 있습니다."

제갈윤과 황소가 터빈 발전기를 보며 고개를 갸웃했다.

"아~ 미션이, 기차를 달리게 하라는 거니까 일단 기차를 타요. 아~ 저는 기차 타는 거 아주 좋아해요."

호리병이 두 사람을 재촉했다.

"저도 기차 타고 싶어요."

황송하지가 제일 먼저 기관차에 탔다.

"난로가 있어요. 아니, 보일러인가?"

"저건 석탄입니다. 석탄을 태워서 물을 데우면 증기가 생깁니다. 증기가 피스톤을 움직여서 기차 바퀴를 돌립니다."

"자넨 별걸 다 아는군. 난 이 삽을 보니까, 슬슬 불안해져."

"일단 기차를 출발시켜 보자고. 어딘가에는 닿겠지. 어? 여긴 성냥이 있네."

황소가 성냥갑을 발견했다.

"우왕! 성냥아, 내가 너를 얼마나 그리워했는지 아느냐?"

황소가 도구 상자 위에 있는 성냥을 품에 꼭 안았다. 성냥불을 보일러 안에 던지자 장작에 불이 붙었다.

"아차차. 석탄도 넣어야지."

황소가 삽으로 석탄을 퍼서 보일러에 던져 넣었다. 그런데 석탄이 나무를 덮어 버리자, 나무의 불꽃이 시름시름 줄어들더니 꺼져 버렸다. 다시 장작불을 피우고 석탄에 불이 옮아 붙길 기다렸지만, 잘 붙지 않았다.

"참나, 그냥 나무 장작만 줄 것이지, 왜 석탄을······."

땀을 뻘뻘 흘리며 석탄에 불을 붙이려던 황소가 짜증을 냈다.

"석탄이 나무보다 훨씬 에너지가 커서 더 뜨겁게 타고 더 오래 탑니다."

제갈윤이 황소에게 삽을 받아, 불이 붙은 장작 위로 석탄을 옮겼다. 곧 석탄에 불이 붙고, 사방으로 회색 연기가 뿜어져 나왔다.

콜록콜록 기침이 났지만, 천천히 증기 기관차가 움직였다.

치이익 칙 포오옥 폭, 치익칙 포옥폭, 칙칙 폭폭, 칙칙폭폭, 칙칙폭폭. 기차는 점점 빨리 달렸다.

"저기 해바라기가 잔뜩 있어요. 예쁘다!"

황송하지가 창밖을 가리켰다.

석탄이 벌겋게 타자, 기관차 안은 찜질방처럼 더웠다. 황소와 제갈윤은 소매를 걷어붙였다. 석탄가루를 뒤집어쓴 얼굴 위로 땀이 줄줄 흘렀다. 황송하지는 긴 바지를 접어 올리고, 양말도 벗어던졌다. 호리병은 창밖으로 얼굴을 내밀어 바람을 맞았다.

"아~ 팀장님, 앞에 갈림길이 있어요. 왼쪽은 강을 건너고, 오른쪽은 터널……. 악! 아부지!"

갑자기 호리병이 비명을 질렀다.

"아~ 밖, 창밖을 봐요."

호리병이 양손으로 뺨을 감쌌다.

황송하지가 창문을 내다봤다. 그리고 역시나 새된 비명을 질렀다.

"닭다리다!"

"뭐, 닭다리……?"

황소가 놀라 창으로 달려갔다. 철길을 따라 온갖 음식이 주렁주렁 달려 있었다.

"이쪽엔 내가 사랑하는 다크 초콜릿입니다."

제갈윤이 감격에 겨워 부르짖었다. 다크 초콜릿이 손에 닿을 듯 가까이에 있었다.

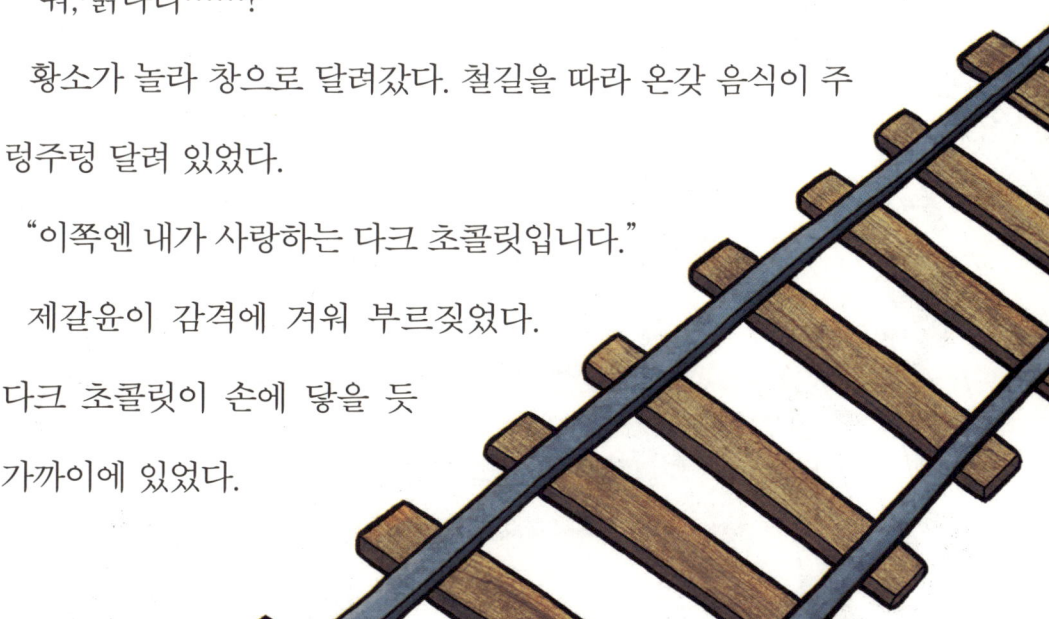

통기자들이 창밖의 음식에 넋을 잃은 사이, 기차가 갈림길에서 오른쪽으로 접어들었다. 곧 기차가 터널 안으로 들어갔다. 터널은 전등 하나 없이 깜깜했다.

"뭐야, 뭐야? 왜 갑자기 깜깜해져?"

통신문 기자들이 허둥대는 사이, 기차는 경사가 급한 내리막길을 내달렸다. 철컹철컹 쉬익 하는 소리를 내며, 기차가 롤러코스터처럼 공기를 가르며 아래로 떨어졌다.

"아빠!"

황송하지가 비명을 질렀다.

내리막이 끝났다 싶은 순간, 기차가 터널을 벗어났다. 철로는 다시 평평해지고, 기차의 속도가 느려졌다.

치이익 포옥 푸우우. 기차가 멈췄다.

"아~ 죽는 줄 알았어요!"

기차 바닥에 주저앉은 호리병, 황송하지, 황소, 제갈윤이 일어났다.

"팀장님 내릴까요?"

"내키진 않지만, 이야기 흐름상 그래야겠지?"

통신문 기자들이 기차에서 내렸다. 사방이 어두웠다.

"설마 여기, 거기 아니지?"

"여기, 거기? 아빠, 그게 무슨 말이에요?"

황송하지가 황소를 올려다봤다.

"뒤통수를 때리는 거센 바람, 숨 쉴 때마다 콧구멍을 쩍 달라붙게 하는 찬 공기……. 그리고 발을 디딜 때마다 들리는 '뽀득뽀득', 이곳은 남극이야. 우리가 되돌아온 거지."

"맞습니다. 빙하가 보입니다. 황제펭귄 무리가 다가오는 소리도 들리고요."

어둠에 눈이 익숙해지자, 주위의 빙하가 보였다. 어느새 통기자 근처까지 다가온 황제펭귄도 알아볼 수 있었다.

"아~ 뭔가 계략에 빠진 것 같은 불쾌한 기분이 들어요."

호리병이 의심이 가득한 눈으로 황제펭귄을 노려보았다.

황제펭귄 세 마리가 앞으로 나와서 뱃살을 들어올렸다. 알에 적힌 글자는 '도둑!'이었다.

"아니야, 우린 아무것도 안 훔쳤어."

황송하지가 항의했다.

제갈윤은 움찔하며, 두툼한 손으로 입 주위를 훔쳤다.

황제펭귄들이 날개를 퍼덕이고 고개를 쳐든 채 소리를 질렀다. 귀가 멍해질 만큼 시끄러웠다. 소란이 잦아들자, 다른 황제펭귄들이 앞으로 나왔다. 황제펭귄의 알에 적힌 글은 '거짓말쟁이군'이었다. 그 펭귄들이 물러나고 다른 황제펭귄들이 나와서 뱃살을 들어올렸다.

"'벌은 어둠을 밝히는 거'라고? 그나저나 요 녀석들이 어른에게 계속 반말을……."

황소가 눈을 부라렸다.

"우린 거짓말쟁이가 아니야. 그리고 우리더러 전기라도 만들라는 거야?"

황송하지도 투덜댔다.

그러자 황제펭귄 두 마리가 앞으로 나왔다.

'응!'

"어떻게 우리가 전기를 만들지? 맞아, 화물차에 터빈 발전기가 있지!"

제갈윤이 중얼거리다, 화물차로 달려갔다. 황소가 따라갔다.

"터빈 발전기가 왜 있나 했더니, 전기를 만들라는 거였어? 참 나, 이 모든 것을 계획한 이상한 박사는 정말 이상한 사람이 분명해."

"문제는 터빈을 어떻게 돌리냐는 거죠. 흠, 증기 기관차에 터빈 발전기라, 분명히 연관이 있을 텐데."

제갈윤의 눈을 빛내며 터빈 발전기와 증기 기관차의 굴뚝을 번갈아 봤다.

"그래, 증기로 터빈을 돌리면 되잖아!"

제갈윤이 기관차에 있던 도구 상자를 꺼내 왔다.

황소는 화물차의 옆면을 내려서 비스듬하게 고정시킨 후, 터빈 발전기를 내렸다.

제갈윤이 증기 기관의 보일러 파이프를 터빈 발전기에 연결했다. 그 사이, 황소가 증기 기관차 객차에서 플러그를 찾아 발전기의 전선에 연결된 콘센트에 꽂았다.

"아~ 증기 기관으로 터빈 발전기를 돌리는 게 가능해요?"

호리병이 제갈윤을 보며

혀를 내둘렀다. 하지만 제갈윤은 보일러에 석탄을 넣느라 정신이 없었다.

"석탄을 넣습니다, 넣습니다, 자꾸 넣습니다, 쉬지 않고 넣습니다. 불이 활활 타올라야 수증기가 만들어지고, 그 수증기가 터빈 발전기를 돌릴 수 있습니다. 내 책임입니다. 미안합니다."

제갈윤이 벌겋게 달아오른 얼굴로 중얼거렸다. 온몸에서 땀이 줄줄 흘러내렸다.

"제갈 삼촌이 이상해졌어요."

황송하지가 황소의 손을 잡았다. 제갈윤이 걱정되었다.

보일러 속 석탄이 활활 타자, 주위가 따듯해졌다. 황제펭귄 몇 마리가 뒤뚱뒤뚱 다가와서, '따듯하다'는 글자가 적힌 알을 보였다. 머리를 사방으로 휘청거리며 잠든 황제펭귄도 있었다.

보일러 속의 열이 보일러에 연결된 파이프 속의 물을 끓였다. 파이프 끝에서 증기가 뿜어져 나오면서 선풍기 날개를 촘촘하게 겹쳐 놓은 모양의 터빈이 돌았다. 위잉~ 요란한 소리가 나더니 터빈이 엄청난 속도로 돌아갔다. 금방 기차 안의 전등이 깜박이더니 주위가 환해졌다.

"기차 모양의 전등 같아요. 예쁘다! 제갈 삼촌, 대단하다!"

황송하지가 제갈윤을 칭찬했다. 그제야 제갈윤도 동작을 멈추고 허리를 폈다. 두두둑, 허리에서 소리가 났다. 황송하지가, 제갈윤이 삽을 든 채 땀을 닦는 모습을 사진 찍었다.

하지만 어둠을 밝힌 기쁨도 잠깐, 황제펭귄들이 슬금슬금 뒤로 물러났다. 캑캑거리며 고개를 흔드는 황제펭귄도 있었다. 통신문 기자들에게서 멀찍이 떨어지자, 황제펭귄들이 머리를 맞대고 뭔가를 의논했다.

"또 왜들 저러는 거야?"

황소의 말이 떨어지기 무섭게, 황제펭귄 몇 마리가 앞으로 나와 섰다. 의기양양한 표정으로, 마침표 황제펭귄이 끝에 섰다.

"'목 아프다 터널로 돌아가라.'고?"

황송하지가 알에 적힌 글자를 읽었다.

황제펭귄들이 바닷가로 몰려가서 물에 뛰어들었다.

"오, 빠른데? 나보다 훨씬 빠르겠다."

황소가 박수를 쳤다.

"아~ 지금 박수 칠 상황이 아니에요. 우린 어떡하나요?"

호리병이 고개를 저었다.

"다들, 터널로 가세요. 내가 여기 남아서 불을 밝히겠습니다."

제갈윤은 다시 삽으로 석탄을 보일러에 넣었다.

이상한 박사님, 제갈윤 삼촌은 참 대단해요. 화력 발전기를 만들잖아요. 나도 발전기를 만들 수 있을까요?

전기를 만드는 것을 발전이라고 합니다. 전기를 만드는 기계를 발전기라 하고, 전기를 만드는 곳은 발전소라 하죠.

그런데 전기가 발전소에서만 만들어지는 건 아닙니다. 물건을 마찰시키면(서로 비비면) 전기가 생깁니다.

황송하지 님은 겨울에 옷을 벗을 때나 손잡이를 잡았을 때, 찌릿한 느낌을 받은 적 있나요? 찌릿한 이유는 마찰로 전기 에너지가 만들어졌기 때문입니다. 빗에 머리카락이 달라붙는 것과 같은 이유죠.

구름끼리 부딪쳐서 마찰이 일어나도 전기가 만들어집니다. 네, 그렇죠. 번개입니다. 혹시 번개가 얼마나 센지 아나요? 번개가 한 번 칠 때, 전구 10만 개를 한 시간 동안 켤 수 있는 전기 에너지가 만들어진답니다. 아, 물론 우리가 쓰는 전기는 대부분 발전소에서 만들죠.

자, 그럼 발전기의 구조를 설명하겠습니다. 일단 자석과 코일이 필요합니다. 코일을 도넛 모양으로 둥글게 감고 그 속에 자석을 놓습니다. 그 다음에 자석을 빙글빙글 돌리면 코일에 전류가 흐릅니다.

전기 생산의 원리

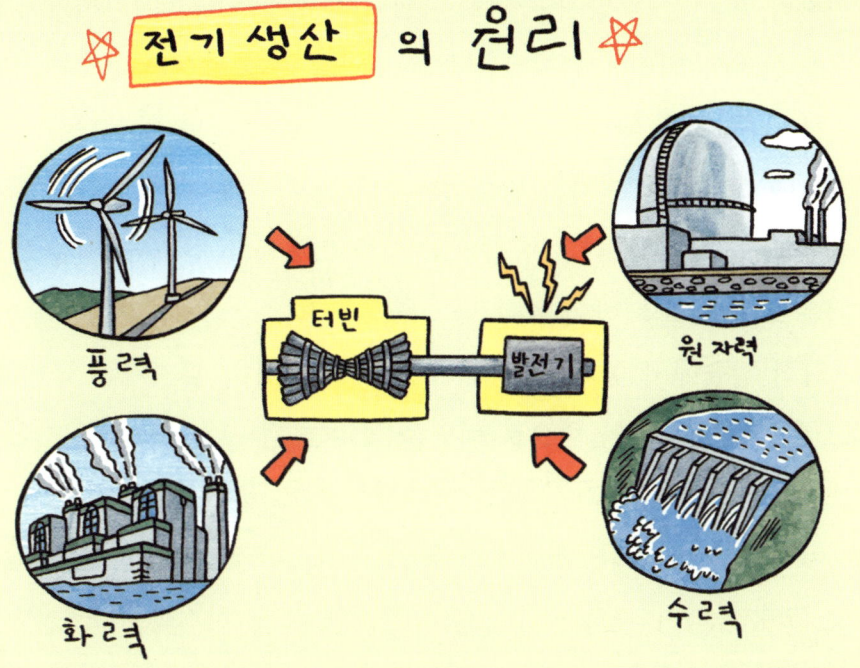

전기가 만들어진 것이죠. 이것이 발전기의 원리입니다. 아주 간단하죠? 그런데 전기를 만들려면 자석을 계속 빙글빙글 돌려야 합니다. 무언가를 빙글빙글 돌리는 데 가장 적당한 것이 바로 터빈입니다. 터빈은 선풍기 날개를 촘촘하게 겹쳐 놓은 모양이라, 적은 에너지에도 쉽게 돌죠. 그래서 터빈을 발전기에 연결해서 터빈이 돌면 발전기의 자석도 같이 돌게 되어 있죠.

그런데 문제가 또 있습니다. 터빈 역시 스스로 돌지 못하거든요. 에너지가 필요하죠. 선풍기는 전기 에너지, 바람개비는 바람 에너지가 있어야 돌잖아요.

터빈을 돌리는 데 이용되는 에너지원에 따라 화력 발전, 수력 발전,

원자력 발전, 풍력 발전 등으로 나뉩니다. 정확하게는 에너지원이 터빈을 돌려서, 터빈에 연결된 자석과 코일로 된 발전기를 돌리는 거죠.

제3 체험실을 떠올려 보십시오. 제갈윤 님이 터빈 발전기를 증기 기관에 연결해서 전기를 만들었습니다. 증기 기관차는 석탄을 때서 물을 끓이고, 그때 나오는 증기로 기차 바퀴를 돌립니다. 제갈 기자 님은 그 증기로 터빈을 돌렸죠.

압력 밥솥에서 증기가 빠질 때 부엌 천장까지 증기가 솟구치죠? 그 솟구치는 증기의 힘으로 터빈을 돌리는 겁니다. 참, 증기는 아주 뜨거우니까 근처에 가지 마십시오. 화상을 입습니다.

이렇게 석탄, 석유, 천연가스 등의 화석 연료를 태워서 물을 끓이고 그때 뿜어져 나오는 증기로 터빈을 돌려서, 전기를 만드는 방법이 화력 발전입니다.

아 참, 이상한 박사님! 전에 화력 발전에 대해 더 알려 준다고 했잖아요. 이제 알려 주세요.

잊지 않았군요. 훌륭합니다. 화석 연료를 태워서 전기를 만드는 화력 발전은 장점이 많습니다. 하지만 단점도 만만치 않습니다. 기억해 보세요. 제3 체험실에서 석탄으로 화력 발전을 했죠. 그때 황제펭귄들이 기침을 하며 멀리 떠나 버렸습니다. 화석 연료를 태우면 매연이 나오기 때문입니다.

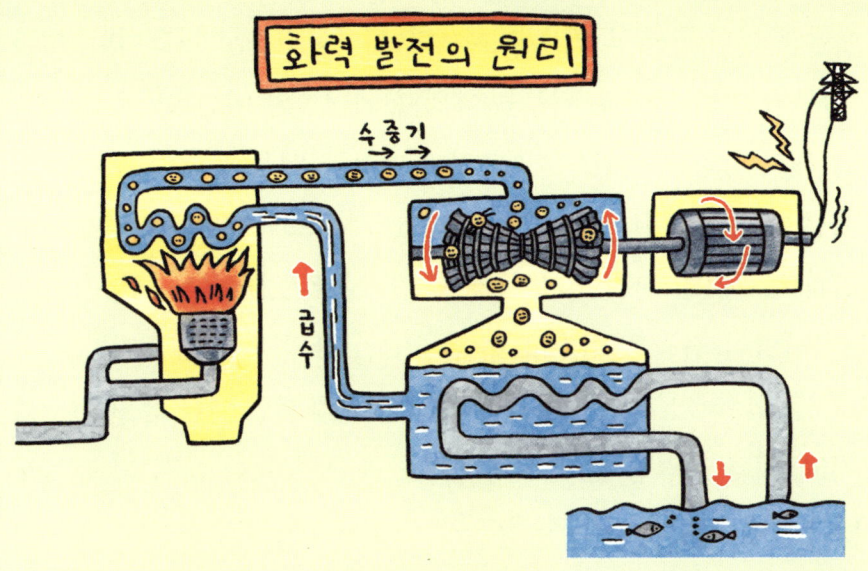

   매연은 동물이 숨을 쉴 때, 몸속에 들어가 병을 일으킵니다. 매연(smoke)과 공기 오염 물질이 안개(fog)와 섞여서 도시를 감싸는 현상을 스모그(smog)라고 합니다. 석탄을 많이 사용했던 영국 런던, 석유를 이용한 자동차에서 배출한 배기가스가 심했던 미국 로스앤젤레스에서 며칠 동안 스모그가 계속된 적이 있습니다. 그때 스모그 때문에 수천 명이 목숨을 잃었습니다.

   우리나라도 화석 연료에서 나오는 미세 먼지로 하늘이 뿌옇습니다. 미세 먼지를 거르는 보건용 마스크를 쓰고, 외출하기 힘들 정도로 미세 먼지 농도가 심한 날도 많죠. 특히 미세 먼지는 세계 보건 기구(WHO)에서 지정한 1급 발암 물질입니다. 미세 먼지 때문에 수도권 지역의 사망률이 높아졌다는 연구 결과도 있습니다.

   매연, 공기 오염 물질은 비에 섞여 산성비를 만듭니다. 산성비는 건물을 부식시키고 농작물에 큰 피해를 줍니다.

매연뿐 아니라 화석 연료를 태우면 이산화탄소도 나옵니다. 석탄은 나무가 변한 것이고, 나무는 태양광 에너지와 이산화탄소로 광합성을 해서 영양분을 만들죠? 그러니 나무를 태우면 나무에 있던 이산화탄소가 나옵니다. 석유 역시 마찬가지고요. 이산화탄소는 지구 온난화의 주범입니다. 빙하를 녹여서 바닷물의 높이(해수면)가 높아지고, 사막이 점점 넓어지고 있습니다. 이상 기후를 일으키기도 합니다. 우리나라만 해도 사계절이라는 말이 무색할 만큼 봄가을이 짧아지고, 여름은 점점 길고 더워지고 있죠. 무엇보다 화석 연료(석유, 석탄, 천연가스)는 적어도 수백만 년 전에 만들어졌기 때문에 새로 만들 수가 없습니다. 사용하는 만큼 남은 양은 줄어들고 결국엔 고갈되는 거죠. 황송하지 님도 알다시피, 우리나라에는 석유, 천연가스가 나지 않습니다. 그래서 산유국(석유를 생산하는 국가)이 석유 가격을 올리거나 낮출 때마다 큰 영향을 받습니다. 그래서 에너지 독립을 해야 하고, 화석 연료를 대신할 새로운 에너지를 찾아야 합니다.

이것만은 기억하자!

1. 화력 발전은 화석 연료를 태워 전기를 만드는 방법이다.
2. 화석 연료를 태우면 매연이 나와서 공기를 오염시킨다.
3. 화석 연료를 태우면 이산화탄소가 나온다. 이산화탄소는 지구 온난화와 이상 기온을 일으킨다.

화력 발전은 터빈이 돌아가는 힘으로 발전기를 돌려서 전기를 만들지. 화석 연료를 태워 전기를 만드는 발전기의 원리를 알아봤어.

- **화석 연료:** 화력 발전의 에너지원이다. 연료란, 타면서 열과 빛을 내는 물질을 말한다.
- **보일러:** 화석 연료를 태워서 물을 끓여서 증기를 만드는 역할을 한다. 일반적으로 물은 섭씨 100도에서 끓지만, 발전소 보일러는 섭씨 600도까지 끓여서 고압 증기를 만든다.
- **터빈:** 증기가 터빈을 돌리면, 터빈에 연결된 발전기가 함께 돈다. 1분에 3,600바퀴를 회전한다.
- **발전기:** 발전기 속에 자석과 코일이 있어서, 자석이 빙글빙글 돌아가는 운동 에너지를 전기 에너지로 바꾼다.
- **냉각수:** 터빈을 돌린 증기는 냉각수를 만나 식어서 물로 변한다. 그 물이 다시 보일러실로 가서 증기가 된다.

수력·풍력의 방

"산 이름이 수풍산……? 물 수(水)에 바람 풍(風)이잖아. 급하게 지은 티가 확 나는 이름이야."

황소가 혀를 찼다.

제4 체험실은 수력과 풍력의 방답게, 체험실 문을 열자마자 등산로가 이어졌다. 황송하지, 황소, 호리병은 등산로를 따라 수풍산을 올랐다.

"저거 풍력 발전기예요. 저번에 강원도 매봉산에서 봤어요, 제갈 삼촌이랑."

능선을 따라 풍력 발전기가 줄지어 서 있었다.

"아~ 생각보다 풍력 발전기 날개가 천천히 도네. 난 선풍기 날개처럼 위잉~ 돌 줄 알았는데."

"저렇게 큰 날개를 빨리 돌릴 만큼 바람이 세지 않은 거겠지."

"풍력 발전기가 선풍기처럼 빨리 돌면, 나무가 막, 다 뽑히고 바위가 굴러가고……."

"아~ 그렇네. 그런데 여긴 공기가 맑네요."

호리병이 흐읍, 하고 숨을 깊이 들이마셨다.

"공기가 맑으면 뭐 해, 이렇게 숨이 차는데? 헉헉, 에너지 체험관이라는 말, 뻥이야. 헉헉. 여긴 서바이벌 게임장이거나, 헉헉, 극기 훈련소가 분명해. 허억헉."

"아빠, 난 재밌어요."

"그럼, 아빠도 행복!"

황송하지가 눈을 반짝이며 웃자, 황소의 화도 싹 사라졌다. 하지만 황소의 머리, 이마, 코, 인중, 뺨 심지어 눈썹에서도 땀이 샘처럼 솟았다.

"아빠, 이 수건으로 땀 닦아요."

황송하지가 가방에서 수건을 꺼내 황소에게 건넸다.

"우리 딸밖에 없다. 고마워, 허억."

황소가 땀을 닦으며 숨을 골랐다.

수풍산을 오른 지 20분쯤 지나 정상에 올랐다.

"아~ 여긴 바람이 세다. 나 좀 귀신 같니? 그런데 호리병은 배고프다."

호리병이 얼굴을 덮은 머리카락을 손으로 쓸어 넘겼다. 하지만 바람이 다시 머리카락을 뒤집어 놓았다.

"여보, 내가 산 정상에 올랐어! 야호!"

황소는 두 팔을 번쩍 들었다. 산 정상에서 맞는 시원한 바람이 더위를 식혀 줬다. 황송하지가 제갈윤에게 받아 온 사진기로 황소를 찍었다.

"이 사진을 봐야 엄마가 믿을걸요?"

"아~ 사진 다 찍었으면 이 안내판을 봐요. 미션이 적혀 있네요."

호리병이 황소와 황송하지를 불렀다.

"아차, 미션을 깜박했네."

"이번 미션은 뭐……?"

황송하지와 황소가 호리병에게 다가오는 순간, 갑자기 사방이 깜깜해졌다.

"아빠!"

"아빠 딸, 어디 있니?"

황송하지와 황소 부녀가 어둠 속에서 서로 애타게 찾았다.

호리병이 휴대 전화를 꺼내 손전등 기능을 켰다.

"팀장님, 사랑하는 따님이 바로 뒤에, 네, 바로 거기에 있습니다."

황송하지, 황소가 눈물로 재회하는 동안, 호리병은 휴대 전화 손전등 불빛으로 안내판의 미션을 읽었다.

"아~ 이번 미션은 쉽네요. 휴대용 수력 발전기를 찾아서 전기를 만들라는 것쯤이야."

호리병이 황송하지와 황소에게 말했다.

"호 기자, 어두울 때 산에 있는 게 얼마나 위험한지 알지? 야간 산행 금지, 우리 동네 약수터 앞에도 붙어 있단 말이야. 이상한 박사, 당신 신고할 거야!"

황소가 두 손을 허리에 얹고 소리쳤다. 미션이 문제가 아니었다.

하지만 황송하지는 재밌기만 했다.

"와! 이거 보물찾기랑 똑같은 거죠? 나, 보물찾기 엄청 잘해요."

"그래? 우리 딸이 좋아한다면, 나도 행복. 끝!"

황소가 선언했다.

"아~ 흩어져서 휴대용 수력 발전기를 찾는 게 좋겠어요. 저는 황송하지랑 '삼룡폭포' 쪽으로 갈게요."

"난 밤골짝으로 갈게. 그럼, 30분 후에 여기에서 다시 만나지."

세 사람은 각자 휴대 전화에서 손전등 기능을 켰다. 그리고 황송하지, 호리병은 '삼룡폭포 가는 길'로, 황소는 '밤골짝 가는 길'로 흩어졌다.

"아빠, 누가 먼저 미션을 완수하는지 내기해요. 이따 봐요."

황송하지가 황소에게 손을 흔들었다.

"고모, '삼룡폭포'는 용이 세 마리 사는 폭포라는 뜻이죠? 제가 검룡소에 갔잖아요, 검은 용이 사는 연못이요."

황송하지는 한 손으론 휴대 전화로 앞을 밝히고, 다른 손으론 꼼꼼하게 휴대용 수력 발전기를 찾았다.

"고모, 고모. 그런 데는 보물을 숨겼을 리 없어요. 바위틈이나 나뭇가지 사이에 숨겨 뒀을 거예요."

"아~ 난 황송하지 기자만 믿어요. 파이팅!"

"히힛! 네."

황송하지는 신이 나서, 이곳저곳을 찾았다.

"아~ 어린이의 기운을 따라갈 수가 없네."

호리병이 황송하지를 보며 미소를 지었다.

"와, 와, 와! 찾았다!"

황송하지가 유달리 잔가지가 많은 신갈나무 뒤에서 상자를 찾았다. 황송하지가 상자를 머리에 이고 호리병에게 달려왔다.

"아~ 역시 통신문 어린이 기자다워. 날카로운 매의 눈으로 보물을 찾았구나."

"제가 그랬잖아요, 보물찾기 잘한다고. 히힛!"

황송하지가 어깨를 으쓱하고, 상자를 열었다. 복주머니 모양의 천 가방 속에 휴대용 수력 발전기가 들었다.

"어? 이거 보온병 아녜요?"

황송하지가 호리병을 보았다. 호리병이 수력 발전기의 뚜껑을 열었다. 작은 프로펠러가 접혀 있었다.

"보온병이 아니라 선풍기인가? 아냐, 날개로 바람을 만드는 휴대용 풍력 발전기인가?"

황송하지가 중얼거렸다.

"아~ 이거, 휴대용 수력 발전기 맞아. 전에 신문에 소개된 적 있어. 바람 대신 물로 날개를 돌리는 거야."

"그럼 우리, 얼른 폭포에 가서 전기를 만들어요."

"아~ 물론이지. 황송하지, 아주 잘했어. 호리병이 칭찬해."

두 사람은 신이 나서 삼룡폭포로 향했다. 얼마 못 가, 물 흐르는 소리가 들렸다.

"아~ 저기 폭포가 보여."

호리병이 떡갈나무와 바위 사이를 가리켰다. 두 사람은 나뭇가지를 붙잡고 조심조심 폭포 아래로 내려갔다.

호리병이 휴대용 수력 발전기의 날개를 펴서 물에 갖다 대었다.

"와! 프로펠러가 돌아요. 풍력 발전기 날개가 바람을 맞으면 도는 거랑 똑같아요."

황송하지는 신기했다.

폭포에서 떨어지는 물이 발전기의 프로펠러를 빠르게 돌렸다. 호리병은 휴대용 수력 발전기로 휴대 전화를 충전했다. 휴대 전화의 배터리 눈금이 점점 차올랐다.

"아~ 금방 충전이 다 되겠는걸. 황 동지, 이번 미션도 성공했소!"

"그렇소, 호 동지!"

호리병과 황송하지가 하이 파이브를 했다.

휴대 전화에 충전이 가득 되자, 두 사람은 안내판이 있던 곳으로 되돌아갔다.

"저렇게 커다란 풍력 발전기가 있는데, 휴대용 수력 발전기가 왜 필요해?"

황소가 바닥에 앉아, 풍력 발전기를 한참 올려다봤다. 스르륵 도는 발전기 날개를 보고 있으니 스르륵, 눈이 감겼다. 에너지 체험관에서 달리고, 물에 뛰어들고, 얼음 노를 젓고, 등산까지 했다. 6개월 치 운동을 반나절 만에 다했다. 게다가 주위는 어둡고 시원한 산바람이 등산을 하느라 열이 난 몸을 식혀 줬다.

졸렸다.

"왜 갑자기 어두워진 걸까? 제갈 기자가 화력 발전을 안 하는 걸까? 석탄이 다 떨어졌나? 아니야, 어쩌면 제갈 기자는 너무나 사랑하는 다크 초콜릿을 먹으러 갔을지도 몰라. 터널 앞에 먹을 게 주렁주렁 매달려 있었잖아. 아, 배고파!"

황소가 중얼거렸다. 그러다 깜박 잠이 들었다.

"으헉?"

갑자기 황소가 두 눈을 번쩍 떴다.

"이 냄새는……. 흐읍."

황소는 코를 킁킁거리다, 공기를 깊이 들이마셨다. 뭔가 달콤한 냄새가 코로 쑥 밀려옴과 동시에, 입에 침이 고였다.

"이건 우리 할머니가 화톳불에 구워준 군밤 냄새야. 쪼끄매도 엄청 단 꿀밤이 구워지는 냄새……."

황소는 주위를 둘러보다 일어나서 바위틈, 풀에 덮인 나뭇등걸, 바닥에 쌓인 나뭇잎을 들췄다.

"저 돌이 뭔가 수상해."

황소가 유달리 까맣게 윤이 나는 돌 앞에 멈췄다. 산에 어울리지 않는, 검고 윤기 나는 둥근 돌이었다.

"아하! 내 이럴 줄 알았지."

황소는 둥근 돌 아래 숨겨진 꿀밤을 껍질째 입에 털어 넣었다. 꿀맛이었다.

"아 참, 내 정신 좀 보게. 휴대용 수력 발전기를 찾아야 하는데……."

말은 이렇게 하면서도 황소의 코는 꿀밤 냄새를 찾고 있었다.

"앗싸! 저기 있군!"

황소가 환호성을 지르며 허겁지겁 다섯 발자국을 걸었다. 예상대로 껍데기가 반으로 쪽 갈라진, 구운 꿀밤이 돌 위에 있었다. 황소는 냉큼 꿀밤을 입에 넣었다. 이번엔 껍질은 뱉었다. 달콤한 맛에 저절로 눈이 감기고, 고개가 끄덕여졌다.

"어? 또 달콤한 냄새가 난다."

"요기 있네!"

"나 참. 감질나게 한 톨씩 말고, 서너 톨씩 같이 있으면 좋잖아."

황소는 씹는 둥 마는 둥 꿀밤을 삼키고, 또 꿀밤을 찾아 주위를 둘러봤다. 역시나 몇 걸음 앞에 꿀밤이 있었다. 그것도 세

톨이 사이좋게 모여 있었다.

"그래, 이거지. 아, 참!"

황소가 꿀밤을 입에 넣으려다 움찔했다.

"우리 송하지랑 호 기자도 꿀밤 먹어야지."

황소는 두 톨을 주머니에 넣고, 한 톨은 입에 넣었다. 황소는 꿀밤을 찾느라 목이 아팠다. 꿀밤을 줍느라 허리도 아팠다. 하지만 꿀밤을 발견할 때마다 기뻤고, 꿀밤은 먹을 때마다 맛있었다.

"에너지 체험관에 온 후로, 지금이 기분 최고다!"

황소는 고개도 들지 않고, 꿀밤을 찾았다. 꿀밤은 몇 걸음마다 있었다. 황소는 점점 산속으로 깊이 들어갔다.

황소 앞에 작은 오두막이 나타났다. 〈헨델과 그레텔〉에 나올 법한 귀여운 오두막이었다. 오두막 안에서 갓 구운 고소한 빵 냄새가 풍겼다. 황소는 꿀꺽 군침을 삼켰다. 그리고 오두막으로 이어진 계단을 올라, 문을 열었다. 오두막 안이 어두워서 아무것도 보이지 않았다. 하지만 황소는 자신의 코를 믿었다. 황소가 오두막 안으로 한 걸음을 떼었다.

"으악!"

황소의 외마디 비명이 들리고, 오두막 문이 닫혔다.

"아휴, 아빠는 왜 안 오지?"

황송하지가 밤골짝으로 향하는 길 앞에서 서성거렸다. 약속한 30분이 지난 지 한참이다.

"아~ 송하지야. 너희 아빠는 못 오시는 사정이 있을 거야, 제갈 기자처럼 말이야. 우리 둘만 다음 체험실로 가자."

호리병의 말을 듣고, 황송하지가 발끝으로 흙을 툭툭 찼다. 그러다 살짝 고개를 끄덕였다. 그러자 거짓말처럼 미션이 적힌 안내판 옆에 '제5 체험실-원자력의 방'이라 적힌 문이 나타났다.

호리병이 문을 여는 순간, 황송하지가 밤골짝으로 난 길을 돌아봤다. 하지만 곧 호리병의 손을 꼭 잡고 힘차게 문 안으로 들어갔다.

황송하지의 취재수첩

이상한 박사님, 제4 체험실에서 휴대용 수력 발전기로 전기를 만들어서 참 신기했어요. 충주 댐을 봤는데, 엄청 컸거든요.

황송하지 님, 혹시 제1 체험실에서 체험한 에너지들이 기억나나요? 그곳에서 황소 님이 미끄럼틀 위에 있을 때는 어떤 에너지가 있다고 했죠? 오! 그렇습니다. 높은 곳에 있는 물체는 위치 에너지가 있죠.

물도 마찬가지입니다. 그런데 높은 곳에 있어서 위치 에너지를 가지고 있던 물이 아래로 떨어지는 건, 물이 아래로 움직인 것이죠? 움직이는 물체는 운동 에너지가 있다고 했습니다.

즉, 높은 곳에 있던 물의 위치 에너지가 떨어지면서 운동 에너지로 바뀐 겁니다. 그런데 물로 전기를 만들 때는 한 번 더 에너지가 바뀝니다. 전기 에너지로 바뀌는 것이죠.

좀 귀찮을 수 있지만, 한 번만 더 기억해 볼까요? 제가 터빈을 돌려서 전기를 만든다고 했습니다. 수력 발전은 물이 아래로 떨어지는 힘(운동 에너지)으로 터빈을 돌립니다. 위에서 떨어지는 물이 물레방아를 돌리는 것과 같죠. 그런데 높은 곳일수록 위치 에너지가 커지기 때문에 물을 높은 곳에서 떨어뜨려야 합니다. 그래서 댐을 만들어서 물을 높게 가둔 다음에 아래로 떨어뜨리는 거죠.

　다른 방법도 있습니다. 댐 아래에 작은 문을 만들어서 댐에 갇힌 물이 좁은 수문을 통과해서 흐르게 하는 겁니다. 수문 앞에 터빈을 놓아서, 물이 흐르면서 터빈을 돌리는 거죠. 물의 깊이가 깊으면 위에서 누르는 물의 위치 에너지가 크기 때문에, 좁은 문을 통과하는 물의 운동 에너지가 세집니다.

　황송하지 님은 휴대용 수력 발전기를 폭포 아래에 두어서, 폭포 아래로 떨어지는 물의 위치 에너지로 발전기를 돌렸습니다. 하지만 폭포 아래에 흐르는 물에 휴대용 발전기를 설치해서, 흐르는 물의 운동 에너지로 발전기를 돌릴 수도 있었던 거죠. 네, 그렇습니다. 휴대용 수력 발전기와 거대한 댐을 이용해 전기를 만드는 수력 발전소는 전기를 만드는 방법이 똑같습니다. 아래 그림을 참고하세요. 수력 발전을 하는 두 가지 방법을 그렸답니다.

☆ 물을 막아 전기를 일으키는 수력 발전의 원리

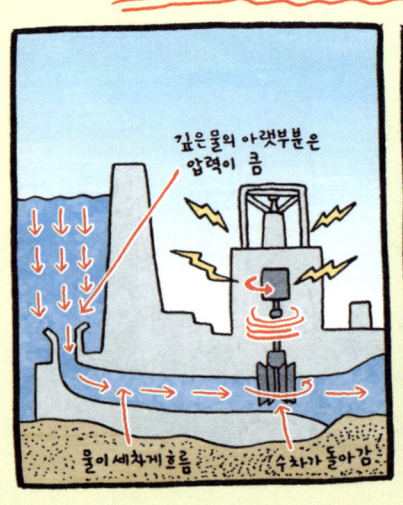
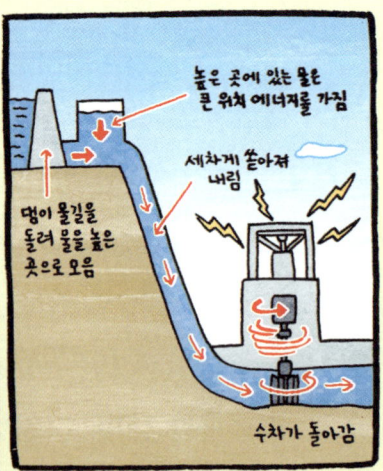

화석 연료는 사용할수록 남은 양이 줄어들지만, 물은 항상 흐르잖아요. 그러니까 모든 전기를 수력으로 만들면 에너지 독립을 할 수 있는 거 아녜요?

와! 황송하지 님은 에너지 체험을 할수록 나를 더 놀라게 하는군요. 수력 발전의 장점을 정확하게 추측하는 것도 놀랍고, 에너지 독립과 연결해서 생각하는 것도 놀랍습니다. 분명 내 얼굴에 미소가 가득 떠올랐을 겁니다.

수력 발전은 물의 힘으로 전기를 만들기 때문에 에너지원이 무한합니다. 또 매연 같은 오염 물질이 생기지도 않죠. 그런데 왜, 모든 발전소를 수력 발전소로 바꾸지 않을까요? 그 이유는 수력 발전도 단점이 있기 때문이죠.

제4 체험실에서 황송하지 님은 등산을 했습니다. 수력 발전소는 물이 떨어지는 힘을 이용하기 때문에 강 상류나 저수지에 짓습니다. 아무 곳에나 수력 발전소를 지을 수 없죠. 그런데 전기를 많이 사용하는 곳은 도시입니다. 그래서 수력 발전소에서 도시까지 전기를 이동시키는 거리가 깁니다. 전기는 이동하는 동안 양이 줄어듭니다. 그래서 발전소가 멀리 있을수록 전기가 많이 사라지죠.

발전소가 먼 곳에 있으면, 전기를 사용하는 곳까지 전기를 이동시키는 장비(송전선, 전봇대 등)도 많이 필요합니다. 송전탑도 더 많이 필요합니다. 송전탑은 고압 전류가 흐르는 전선을 연결하는 역할을 하죠. 그래서 송전탑을 세우는 것 때문에 분쟁이 많습니다. 자기 집

근처에 송전탑이 있는 건 싫으니까요.

그리고 수력 발전을 하려면 거대한 댐을 만들어야 합니다. 휴대용 수력 발전기에서 만든 전기로 공장의 기계가 필요한 만큼 전기를 만들 수는 없으니까요. 댐은 만드는 시간이 오래 걸리고 비용도 많이 듭니다.

또한 댐을 건설하면 환경이 파괴됩니다. 댐에 갇힌 물은 썩을 수도 있어요. 그리고 강 주변의 땅이 물에 잠기기 때문에 댐이 있던 곳에 살던 동식물은 살 곳을 잃습니다. 황송하지 님이 본 충주 댐은 북한강을 모아 수력 발전을 합니다. 강 근처에 수양개라는 마을이 있었죠. 수양개는 선사 유적까지 발굴된 곳이었지만, 지금은 물에 잠겨 사라졌습니다. 마을 주민은 마을을 떠나야 했죠.

이것만은 기억하자!

1. 수력은 무한하고 깨끗한 에너지원이다.
2. 수력 발전소는 강 상류, 저수지에 짓기 때문에 도시까지 전기를 옮기는 동안 전기 손실이 많다.
3. 수력 발전소는 건설 비용이 많이 들고, 환경을 파괴한다.

바람은 오래전부터 인류가 사용해 온 에너지원이야. 풍력이 미래에 가장 적합한 에너지라는 주장도 있지. 그래서 풍력 발전의 장점과 단점을 알아봤어.

나야말로 가장 경쟁력 있는 미래의 에너지원이야! 그 이유를 설명하지.

화석 연료는 매연과 이산화탄소를 뿜어내지. 하지만 난 깨끗한 바람이야. 무공해라니까!

난 공짜야!

난 무한하지. 언제나 바람은 부니까.

전기를 많이 사용하지 않는 곳에 커다란 발전소를 짓는 건 낭비야. 풍력 발전이 딱이지!
풍력 발전기 한 대로 2,000~3,000가구가 사용할 전기를 만들어.

물론 나도 완벽하진 않아. 단점 없는 에너지원이 어디 있나?

앗, 바람이 안 부네? 지금은 전기를 만들 수 없어. 휴업!
바람은 공짜지만, 풍력 발전기를 설치하는 비용이 비싸.
내가 전기를 만들 땐 소음이 심해.

풍력 발전기도 아무 곳에나 지을 순 없어.
산, 평원같이 바람을 막는 장애물이 없는 곳에 지어야지.

풍력 발전기에 부딪히는 새가 많아. 슬프다.

원자력의 방

"여기 배낭이 걸려 있어요."

황송하지가 체험실의 문에 걸린 배낭 다섯 개를 가리켰다.

"아~ 배낭마다 우리 이름이 적혀 있는걸."

호리병이 자신의 이름이 적힌 배낭을 열었다. 고무장갑, 고무장화, 마스크, 휴대용 방석, 생수 등이 들었다.

"이건 뭐예요?"

황송하지가 방사능 측정기를 호리병에게 들어 보였다.

"아~ 공기 속에 방사능이 얼마나 많이 있는지를 알려 주는 기계야. 아~ 이제 방사능까지, 이곳엔 또 어떤 일이 기다리고 있을까?"

두 사람은 각자의 이름이 적힌 배낭을 멨다.

제5 체험실 안은 뜨거운 안개가 자욱했다. 게다가 나무들이 앞을 가렸다. 나무 사이로 사슴이 두 사람을 멀뚱히 쳐다봤다.

호리병이 황송하지의 손을 잡았다. 두 사람은 천천히 안개 속으로 걸어 들어갔다.

"여긴 예전엔 숲이 아니었나 봐요."

황송하지가 바닥을 가리켰다. 무성하게 자란 풀 사이로 보도블록이 깔린 길이 보였다. 그 옆엔 가로등이 찌그러진 채 쓰러져 있었다.

"아~ 대체 이곳엔 무슨 일이 있었던 거지? 아무튼 여길 빨리 벗어나자."

호리병이 황송하지의 어깨를 감싼 채, 서둘렀다.

"고모, 제가 원자력 발전에 대한 책을 읽었는데요. 체르노빌 원자력 발전소가 폭발해서 엄청 많은 사람이 병들고 죽었대요. 동물도 많이 죽고요."

"아~ 그래. 에너지의 역사에서 가장 비극적인 사건일 거야.

그런데 왜 체르노빌 이야기를 하는 거야?"

호리병이 묻자, 황송하지가 손가락으로 앞을 가리켰다.

안개 뒤에 커다란 건물이 있었다. 건물 한쪽은 화재가 난 듯, 검게 그을리고 무너져 있었다. 하지만 건물 다른 쪽은 시멘트로 완전히 봉해져 있었다. 파이프로 둘러싸인 거대한 굴뚝도 보였다.

"체르노빌 원자력 발전소예요. 책에서 본 거랑 똑같아요."

황송하지가 말했다.

"진작 마스크를 썼어야 했어. 지금부터 아무것도 만지지 마."

호리병이 황송하지 이름이 적힌 배낭에서 마스크 등의 물건을 꺼냈다. 마스크부터 황송하지에게 씌웠다. 고무장갑과 장화도 신겼다. 호리병 자신도 마스크를 썼다. 그리고 방사능 측정기를 켰다. 아무 반응이 없었다. 측정기를 껐다 다시 켰지만, 여전히 반응이 없었다. 방사능이 없는 것 같았다. 하지만 호리병은 소름이 끼쳤다.

두 사람은 마스크, 고무장갑, 장화로 무장을 하고 미션이 적힌 안내판을 찾았다.

"안 돼, 나뭇잎이나 나뭇가지에 닿으면 안 돼."

"안 돼, 풀을 밟으면 안 돼!"

"안 돼. 물고랑에 고인 물이 몸에 닿으면 안 돼."

호리병이 황송하지에게 계속 주의를 줬다.

"으악! 고모, 그만 좀 '안 돼.'라고 하면 안 돼요?"

"안 돼. 마스크를 벗으면 안 돼. 이곳은 방사능에 오염됐을 수도 있어. 위험하다고."

"에이, 설마 여기에 방사능이 있겠어요? 여긴 그냥 에너지 체험관이라고요."

황송하지가 마스크를 벗고, 숨을 깊이 들이마셨다. 공기가 상쾌하고 시원했다.

"맞아 그럴 거야. 이상한 박사가 제정신이라면 방사능을 사용할 리가 없지."

말은 그렇게 하면서도, 호리병은 황송하지에게 다시 마스크를 씌웠다.

"'이곳은 체르노빌 원자력 발전소가 있던 마을을 재현한 곳입니다. 이곳에서 원자력 에너지원을 찾아 전기를 만드세요. 여러분이 쬐는 방사능의 양이 100을 넘기면, 미션 실패입니다. 방사능 측정기가 여러분이 있는 곳의 방사능 농도를 알려 줄 것입니다. 추신: 물론 이곳에 진짜 방사능은 없습니다.'라고 적혀 있어요."

황송하지가 제5 체험실의 미션을 읽었다. 미션은 허리가 꺾인 버스 안내판에 적혀 있었다.

"아~ 뭐야, 뭐야, 뭐야? 가짜라도 방사능은 싫다고. 그런데 방사능이 없는 거 확실하겠지?"

그제야 호리병이 마스크를 벗었다. 얼굴이 땀범벅이었다.

"이히. 다행이다!"

호리병의 말을 듣고 황송하지가 웃었다. 드디어 호리병의 '아~'가 돌아왔다.

"이번 미션도 재밌을 거예요. 진짜 서바이벌 게임 같잖아요. 벌점 100점이 되기 전에 에너지원을 찾으면 되는 거죠? 고모는 나만 딱, 믿으시라니까용."

"아~ 네. 저는 황송하지 선수만 믿겠어용."

황송하지와 호리병은 마주보고 웃었다. 다시 기운이 솟았다.

두 사람은 방사능 측정기를 켜서 들고 근처 마을로 향했다. 사람이 떠난 마을은 이미 폐허가 되었다. 집들은 불에 탄 채 부서져 있지만, 풀과 나무가 뿜어내는 싱그러운 풀 냄새와 꽃향기가 가득했다. 사람이 떠난 마을은 울창한 숲으로 변하고 있었다.

"고모, 저기에 토끼가 있어요."

무너진 담벼락 옆에 토끼가 있었다. 토끼는 귀를 쫑긋 세운 채 두 발로 일어서서, 두 사람을 살피고 있었다. 사람을 두려워하지 않는 듯했다. 그 옆 나무에선 다람쥐 꼬리가 슬쩍 보였다.

"아~ 난 너무 혼란스럽다. 저 토끼랑 다람쥐도, 아까 본 사슴도 정말 건강해 보이잖아. 풀과 나무도 파랗게 빛이 날 만큼 생기 있고."

호리병은 고개를 흔들었다. 호리병은 체르노빌에 있는 동식물은 다 죽었을 거라 생각했다. 살았어도 심한 병에 걸렸거나 기형일 거라고. 하지만 이곳에서 본 동식물은 생각과 전혀 달랐다.

틱 틱 틱 틱.

호리병의 생각을 비웃기라도 하는 듯, 방사능 측정기의 수치가 올라가기 시작했다.

황송하지와 호리병은 서둘러 그곳을 벗어났다.

마을의 놀이공원에 도착했다. 놀이공원은 옛 모습을 비교적 잘 간직하고 있었다.

"가만히 서 있는 회전목마를 보니까 기분이 좀 이상해요."

황송하지는 녹슨 채 버려진 놀이 기구를 보니 조금 슬펐다. 오성시에선 놀이공원에 관람객이 너무 많아서 놀이 기구를 탈 때마다 한참 줄을 서서 기다려야 했다. 하지만 이곳엔 놀이 기구만 덩그러니 남았다.

회전목마, 미니 자동차, 인형 맞추기 부스를 뒤졌다. 이제 대관람차만 남았다. 대관람차는 놀이공원 제일 안쪽에 있었다. 바람에 관람차가 흔들리며 삐걱거렸다. 두 사람은 한참 동안 대관람차를 올려다 보다, 포기했다.

"아~ 무리무리! 너무 높아."

황송하지와 호리병은 분수대, 동상까지 뒤졌지만 에너지원을 찾을 수 없었다. 호리병이 바닥에 쪼그리고 앉았다. 다리가 아팠다.

놀이공원 뒷문으로 나가자 엄청나게 큰 공터가 나왔다.

"아~ 차들의 공동묘지군."

호리병이 얼굴을 찌푸렸다.

공터엔 원자력 발전소가 폭발했을 때, 사고를 수습하는 데 사용한 장비들이 버려져 있었다. 헬리콥터, 소방차, 트럭, 트랙터, 버스 등이 흙먼지를 뒤집어쓰고 있었다. 그 흙에 뿌리를 내리고 자라는 풀도 있었다.

"이 꽃, 민들레처럼 생겼어요."

황송하지가 포클레인의 삽에 핀 꽃을 가리켰다.

틱틱틱틱.

갑자기 방사능 측정기의 숫자가 아주 빠르게 올라갔다.

황송하지는 꽃향기를 맡으려다 움찔했다. 아무리 가짜라 해도 이곳은 체르노빌이 아닌가.

두 사람은 장비들 뒤로 보이는 작은 벽돌집 마당으로 들어갔다. 문짝이 떨어져 나가고, 벽돌마저 무너져서 마치 폭격이라도 맞은 것 같았다. 사방에 풀이 자라고 이끼가 문지방을 뒤덮었다. 처음 무너진 빈집을 봤을 땐 무서웠지만, 폐허가 된 마을을 지나며 이런 집을 여러 채 봐서 지금은 아무렇지도 않았다.

틱 틱 틱.

측정기의 숫자가 다시 올라가고 있었다.

두 사람은 집 안으로 들어갔다. 마룻바닥이 삐걱거렸다. 무너진 벽 틈으로, 바람에 쓸려 들어온 나뭇잎이 삭아서 흙처럼 쌓였다. 나무가 쓰러져서 창문을 넘어 집 안으로 가지가 자랐다. 나뭇잎이 푸르고 싱싱해서, 쓰러져 가는 집과 대조가 되었다. 벽에는 빼곡하게 액자들이 걸려 있었다. 집 안은 엉망진창인데, 액자는 누군가 금방 정리라도 한 듯 깔끔했다.

하지만 사진 속 상황은 보기도 무서웠다. 원자력 발전소 폭발 사고로 방사능에 피폭된 희생자들의 사진이었다. 엄청난 증기와 불을 내뿜는 원자력 발전소도 보였다. 호리병과 황송하지는 서둘러 거실을 지나갔다.

"앗."

호리병이 움찔했다. 발아래에서 유리가 깨지는 소리가 났다. 발을 들어보니, 작은 액자였다. 호리병이 조심스럽게 사진을 집어 들었다.

"엄청 예쁘게 생겼다."

황송하지가 다가와 사진을 들여다봤다. 대여섯 살쯤 되어 보이는 여자아이가 꽃무늬 원피스를 입은 인형을 안은 채 수줍게 웃고 있었다.

두 사람은 거실에서 제일 가까운 방에 들어갔다. 그 방도 지저분하긴 마찬가지였다. 창문 아래, 스프링이 튀어나온 침대가 있었다. 침대 크기로 봐서, 이 방은 아이의 침실 같았다.

"어?"

황송하지가 침대로 달려갔다. 내려앉은 침대 아래, 인형 다리가 삐죽 나와 있었다.

"고모."

황송하지가 두 손가락으로 인형 다리를 들어 올렸다. 양팔과 한쪽 다리가 없는 인형이 원피스를 입고 있었다. 지저분했지만, 사진 속 여자아이가 소중하게 안고 있던 인형이 분명했다.

"아~ 인형이지만 너무 불쌍하다."

"아뇨, 그게 아니라 이 목걸이요."

황송하지가 인형의 목에 걸린 목걸이를 가리켰다. 유리구슬을 엮은 목걸이였는데, 가운데 구슬만 엄지손톱만큼 컸다.

"이 구슬 속에 있잖아요."

과연 황송하지가 말한 대로, 구슬 속에 알파벳 'U' 모양의 금속이 들어 있었다.

"아~ 맞아, 맞아. 'U'는 우라늄의 원소 기호야. 우라늄으로 원자력 발전을 하지."

"아까 그 사진을 봤을 때, 뭔가 좀 이상하다 했거든요. 히힛."

"아~ 우리 황송하지, 정말 대단하구나! 아~ 맞다. 이러고 있을 때가 아니야."

호리병이 인형 목걸이를 풀어서 황송하지의 주머니에 넣어 주었다.

"고모, 얼른 발전소에 가요."

황송하지와 호리병이 원자력 발전소에 도착했다.

"아~ 원자력 발전소의 벽을 아주 두껍게 짓는다더니, 이곳도 건물 벽은 튼튼해 보이네."

호리병이 건물 안팎을 번갈아 보며, 고개를 끄덕였다.

두 사람은 발전소 안으로 들어갔다.

틧 틧 틧.

방사능 측정기의 숫자가 빠르게 올라갔다. 두 사람은 마음이 조급해졌다. 원자력 에너지원을 찾아도, 발전기에 우라늄을 넣기 전에 방사능에 100이 넘도록 피폭당하면 미션은 실패니까. 사실, 미션을 실패하는 것보다, 원자력 발전소 안에 있는 것이 싫었다. 아무리 모형 원자력 발전소라고 해도 말이다.

발전소 안으로 더 들어가자 두꺼운 철근 콘크리트로 만든 격납 건물이 나타났다. 그 안에 원자로가 들어 있다. 격납 건물 벽에 '이곳에 원자력 에너지원을 넣으시오.'라 적힌 안내문이 붙었고, 그 아래로 작은 구멍이 보였다. 구멍은 인형 목걸이에서 빼온 유리구슬만 했다.

"여기에 넣는 건가 봐."

호리병이 투명한 플라스틱 문을 열고 구멍을 가리켰다.

황송하지가 구멍 안을 들여다봤다. 아무것도 보이지 않았다.

휴우, 황송하지가 숨을 크게 들이마시고 내뱉었다. 그리고 주머니에서 유리구슬을 꺼내, 구멍에 가져갔다.

"잠깐!"

황송하지가 소리를 질렀다.

"깜짝이야! 네가 그냥 멈추면 되지, 왜 소리를 질러?"

호리병이 가슴을 쓸어내렸다.

"이걸 여기에 넣으면 원자력 발전기가 돌아가는 거죠? 혹시 방사능이 나오면 어떡해요?"

"아~ 설마……. 아~ 그럴까? 아~ 그럴 리가……?"

두 사람은 우물쭈물했다. 방사능에 오염되었어도 푸른 숲, 건강하게 뛰노는 야생 동물을 생각하면 원자력 발전기를 사용해도 괜찮을 것 같았다.

하지만 황폐한 마을, 버려진 장비, 무엇보다 빈집에서 본 체르노빌 희생자들을 생각하면, 미션이고 뭐고 원자력으로 전기를 만들어선 안 될 것 같았다.

틧틧틧틧 틱틧틧틧.

두 사람이 망설이는 동안에도, 방사능 측정기의 숫자는 계속 올라갔다.

황송하지는 입술을 질겅질겅 씹으며 오른다리를 떨었다. 눈 사이에 주름도 잡혔다.

"나도 모르겠다."

황송하지가 유리구슬을 주머니에 도로 넣었다. 그리고 호리병을 보며 어깨를 으쓱했다.

호리병이 고개를 끄덕였다.

두 사람은 손을 잡고 잽싸게 원자력 발전소 밖으로 달려 나갔다.

이상한 박사님, 원자력 발전을 찬성하는 사람도 있고, 반대하는 사람도 있대요. 전 찬성해야 할까요, 반대해야 할까요?

그건 황송하지 님이 선택해야 합니다. 원자력 발전을 찬성하는 이유, 반대하는 이유를 비교한 다음에 말이죠.

원자력이 무엇인지 알아볼까요? 모든 물질은 '원자'라는 아주 작은 알갱이로 이루어져 있습니다. 원자 속에는 원자핵이 있습니다. 그런데 이 원자핵이 더 작게 쪼개질 때(핵분열이죠.) 어마어마하게 높은 열에너지를 만듭니다. 이 에너지를 원자력이라 합니다. 원자력으로 물을 끓이면 증기가 생기겠죠? 그렇죠. 그 증기로 터빈을 돌려서 전기 에너지를 만듭니다.

원자력 발전을 반대하는 이유를 한 단어로 설명한다면, 바로 원자폭탄입니다. 갑자기 웬 폭탄 발언이냐고요? 그 이유를 밝혀 드리죠.

첫째, 원자력 발전과 원자 폭탄은 원리가 같습니다. 둘 다 똑같이 원자 속의 핵이 분열할 때 생기는 엄청난 에너지를 이용합니다.

둘째, 원자력 발전소에서 사고가 발생하면, 그 피해 역시 원자 폭탄만큼이나 무섭습니다. 원자핵이 분열할 때, 열에너지뿐 아니라 무

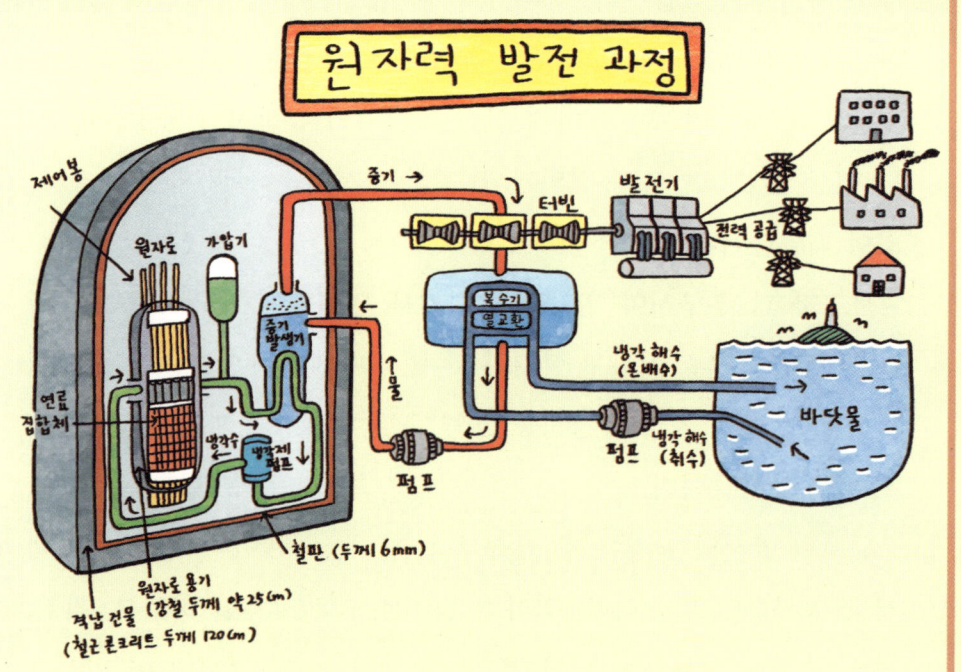

시무시한 방사능 물질이 나오니까요.

　1986년 우크라이나의 체르노빌 원자력 발전소에서 폭발 사고가 있었습니다. 이 폭발 사고로 수십만 명이 방사능에 노출되어 목숨을 잃거나, 암과 같은 무서운 병에 걸렸습니다. 체르노빌 원자력 발전소의 방사능은 가까운 벨라루스, 우크라이나, 러시아 일부 지역뿐만 아니라 중부 유럽까지 퍼져, 공기와 땅을 오염시켰죠. 오염된 땅에서 자란 풀을 먹은 젖소의 우유에서도 방사능 물질이 나왔습니다. 체르노빌과 주변 지역은 사람이 살 수 없는 곳이 되었고요.

　우리나라와 가까운 일본에서도 2011년에 후쿠시마 원자력 발전소에서 사고가 있었습니다. 일본 정부가 사고의 피해가 얼마나 있는지를 밝히지 않고, 지금도 피해가 계속되어 상황을 정확하게 알 수는 없습니다. 하지만 후쿠시마에 살던 어린이의 갑상선암 발병률이 67배 이상 늘었다는 조사 결과가 있고, 후쿠시마는 사람이 살 수 없는 곳이 되었습니다.

사고가 난 후쿠시마 원자력 발전기를 완벽하게 처리하는 기간만 40년 정도가 걸릴 거라고 합니다. 후쿠시마 원자력 발전소는 바다에 접하고 있어서, 지금도 방사능 오염 물질이 바닷물에 섞여 전 세계로 퍼지고 있습니다.

원자력 발전의 단점은 또 있습니다. 전기를 만들고 남은 폐기물에서도 방사능이 나옵니다. 원자력 발전소에서 사용한 작업복, 장갑, 기계 부품도 방사능에 오염되었을 확률이 높죠. 그런데 이 방사능 폐기물을 처리할 방법이 딱히 없습니다. 현재는 땅에 묻고 있죠. 게다가 방사능은 10만 년 이상 지나야 나오지 않습니다. 결국 10만 년 동안 원자력 발전소의 폐기물을 안전하게 보관해야 합니다.

그리고 원자력 발전이 위험하기 때문에, 원자력 발전소를 짓는 방법도 까다롭고, 그만큼 건설 비용도 많이 듭니다.

으아아악! 원자력 발전은 너무 무서워요. 그런데 왜 지금도 원자력으로 전기를 만드는 거죠?

원자력 발전에도 장점이 있으니까요. 일단, 원자력 발전소가 폭발할 확률은 거의 없습니다. 원자력 발전기에 이상이 생기면 저절로 발전기가 작동을 멈춥니다.

그리고 원자가 분열하는 원자로는 철근 콘크리트로 만든 돔 모양의 격납 건물 안에 있습니다. 벽은 다섯 겹의 방호벽이고, 두께가 2m나 되죠. 사고가 생겨도 방사능 물질이 발전소 밖으로 퍼지지 않도록 한 것입니다.

실제로 1960년대부터 원자력으로 전기를 만들었는데, 현재까지 심각한 원자력 발전소 사고는 전 세계에서 몇 건뿐입니다. 물론 단 한 번의 원자력 발전 사고라도 피해는 무시무시합니다.

이제 원자력 발전의 장점을 알아볼까요?

첫째, 원자력으로 전기를 만들 때는 이산화탄소가 거의 나오지 않습니다. 지구 온난화를 일으키지 않는 거죠. 또 매연 같은 오염 물질도 나오지 않습니다.

둘째, 원자력 발전을 하는 에너지원이 우라늄인데, 석유, 석탄 등의 화석 연료보다 더 오래 사용할 수 있습니다. 우라늄 1g이 만드는 에너지의 양이 석탄 3,000,000g(3톤)이 만드는 에너지의 양과 같습니다. 액체인 석유랑 비교하면, 우라늄 1g과 석유 1,800g(9드럼)이 같죠. 우라늄 1g은 약 8만 가구가 한 달 동안 사용할 수 있는 전기를 만듭니다.

셋째, 원자력 발전은 전기를 만드는 비용이 적게 듭니다. 그래서 원자력으로 만든 전기는 가격이 쌉니다. 참, 원자력 발전소를 건설하는 비용, 폐기물을 관리하는 비용이 많이 든다는 것과 헷갈리지 마세요.

네? 우라늄도 광물이니까 사용할수록 남은 양이 줄어드는 거 아니냐고요? 오, 맞습니다! 우라늄도 무한한 에너지원이 아닙니다. 사실 우라늄으로 전기를 만들고 남은 것을 플루토늄이라 하는데, 플루토늄으로 다시 전기를 만들 수 있습니다. 우라늄과 플루토늄까지 사용해서 전기를 만들면 3,000~4,000년 정도 사용할 수 있다고 합니다.

하지만 플루토늄은 단 1g만으로도 100만 명을 암에 걸리게 할 수 있는 무서운 물질입니다.

  원자력 발전에 대해서는 아직 정답이 없습니다. 유럽 여러 나라는 원자력 사고의 위험성을 심각하게 생각해서 원자력 발전소를 점차 줄이고 있습니다. 하지만 중국, 일본, 미국 등은 원자력 발전소를 계속 짓지요. 우리나라도 원자력 발전에 대한 의견이 분분하죠. 그래서 원자력 발전의 단점을 보완하는 방법을 찾는 중입니다.

이것만은 기억하자!

1. 원자력 발전은 원자핵이 분열할 때 나오는 열에너지로 터빈을 돌려 전기를 만든다.
2. 원자력은 오염 물질을 거의 배출하지 않는 깨끗한 에너지다.
3. 하지만 원자력 발전을 할 때, 무시무시한 방사능 물질이 나온다.

원자력은 찬성과 반대 의견이 팽팽하게 맞서는 에너지야. 찬성하는 근거와 반대하는 근거를 정리해 봤어.

원자력 발전에 사용하는 우라늄은 매연, 이산화탄소를 배출하지 않아요. 환경 오염이 없는 깨끗한 에너지원이죠.

우라늄에선 매연보다 100만 배는 무서운 방사능 물질이 나옵니다. 방사능은 생물의 세포를 파괴하는 무서운 물질이에요.

현실을 생각해 봐요. 화석 연료가 고갈되고 있어요. 남은 화석 연료로는 100여 년 정도밖에 못 씁니다. 우라늄이 화석 연료의 대안이에요.

당신이 수십 년 전부터 화석 연료가 고갈될 거라고 주장했지만, 지금도 석유, 천연가스가 펑펑 쏟아지고 있어요. 화석 연료는 충분합니다.

그리고 원자력 발전소에서 사고가 안 나더라도, 방사능 폐기물이 생깁니다. 방사능 폐기물은 안전하게 관리할 방법도 아직 없어요.

방사능 폐기물을 튼튼한 상자에 넣어서 땅에 묻으면 됩니다. 우주로 쏘아 보내도 되겠죠. 사람들은 전기 요금을 적게 내고 싶어합니다. 그런데 원자력 발전으로 만든 전기 에너지가 가장 싸죠. 원자력 발전이 비용이 적게 드니까요.

그럼 우라늄보다 더 좋은 에너지원을 말해 봐요. 대안도 없이 원자력은 안 된다고 하는 건 무책임한 말입니다.

전기 요금을 적게 내려면, 전기 에너지를 절약하면 됩니다. 전기 요금이 싸다고 전기 에너지를 낭비하는 사람도 있어요.

새로운 에너지원을 찾고 있습니다. 분명, 원자력 대신 안전하고 환경을 오염시키지 않는 에너지가 있을 겁니다.

이를테면 방귀~

재생 에너지의 방

"원자력 발전기로 전기를 만들어야 했어요."

황송하지가 투덜거렸다.

"아~ 송하지. 내가 이런 말, 하고 싶진 않지만 발전기에 우라늄을 넣지 않은 건 너야."

"맞아요. 죄송해요."

"아~ 송하지. 난 네 결정을 아주아주 존중해. 단지, 결정에는 책임이 따른다는 거야. 그러니 이 상황을 받아들이자. 994, 995, 996……."

호리병이 이마의 땀을 닦았다. 호리병은 자전거 발전기로 전기를 만들고 있었다. 자전거 발전기는 자전거에 작은 발전기를 연결해서 페달을 돌리면 전기가 만들어진다.

"헉헉. 아직 미션 설명이 안 끝났니?"

"미션 설명은 다 봤고요, 지금은 바이오 에너지를 어떻게 사용하는지 설명하고 있어요."

"헉헉. 미션을 알았으면 됐지? 허억, 나 좀 쉴게. 헉, 나 지금, 울고 싶을 만큼 힘들어."

호리병이 자전거에서 내렸다.

"앗! 컴퓨터가 꺼졌어요. 아직 다 못 봤는데……."

황송하지가 안타까워했다. 하지만 얼른 호리병에게 달려가서 부축했다.

"고모, 괜찮아요? 뺨이 홀쭉해졌어요."

황송하지가 호리병을 부축해서 평상에 앉혔다.

"아~ 여길 벗어나기만 해 봐. 이상한인지 괴상한인지 요상한인지, 그냥 요물 박사인지의 정체를 홀딱 밝혀낼 거야."

황송하지와 호리병이 제6 체험실 문을 열고 도착한 곳은 석유, 도시가스, 전기 등의 에너지가 없는 작은 시골집이었다. 감

나무 밑에 낡은 평상이 있었는데, 노란 포스트잇이 붙어 있었다. 포스트잇에는 노트북에서 '제6 체험실의 미션'이란 동영상을 확인하라는 글이 적혀 있었다. 그런데 노트북을 켜려면 전기가 필요하다. 그래서 호리병이 자전거 발전기로 전기를 만들고, 황송하지가 노트북으로 동영상을 봤다.

"제6 체험실의 미션은, 재생 에너지로 '에너지 순환의 법칙'을 완성하는 거예요."

황송하지가 동영상에서 본 내용을 호리병에게 알려 줬다.

"아~ 설마 음식을 먹고 소화시켜서 똥을 싼 다음에 그걸 다시 먹으라는 건 아니겠지?"

"설마요. 아니, 어쩌면 그럴 수도……?"

황송하지와 호리병이 마주 보았다. 지금까지 '괴상하고 무서운 에너지 체험관'을 체험하며 깨달은 건, 이곳에선 정말 괴상하고 무서운 경험을 하게 된다는 거다. '음식→똥→다시 음식'일 수도 있을 것 같았다.

황송하지는 동영상에서 설명한 신재생 에너지 중에 바이오

가스와 메탄을 만들기로 했다.

"'바이오'라기에 엄청 깨끗한 기술인 줄 알았더니, 우웩, 이런 식으로 만들 줄이야."

황송하지는 돼지우리에서 똥을 퍼서 손수레에 실었다.

"새끼 돼지인데도 똥 냄새는 장난 아니네. 원자력 체험실에서 마스크를 가져올 걸 그랬어."

황송하지는 투덜거리며, 똥을 실은 손수레를 밀고 오물통으로 향했다. 휴지로 콧구멍을 막았지만 온몸의 땀구멍이 코 대신 냄새를 맡는 것 같았다. 으, 고개가 절로 저어졌다. 오물통에 똥을 쏟은 다음, 부엌 앞 3층 선반에서 가져온 미생물 통을 오물통에 쏟았다.

"아~ 나도 일해야지. 송하지야, 동영상에서 만드는 방법을 알려준 신재생 에너지가 뭐야?"

"억새, 콩, 유채씨, 해바라기씨로 바이오 연료를 만든대요."

"아~ 억새, 콩, 유채씨……, 그걸 또 내가 따 와야 하는군. 아~ 나, 오늘 너무 고생한다. 도대체 이 체험실은 목적이 뭐지? 고통 속에 에너지 만들기……?"

호리병의 눈에서 분노의 불꽃이 이글거렸다. 하지만 그 불꽃은 황송하지의 말 한마디에 푸시시 꺼져 버렸다.

"저 비엔나소시지 먹고 싶다."

거짓말처럼, 마당 빨랫줄에 비엔나소시지가 주렁주렁 매달려서 냄새를 풍겼다. 호리병이 꿀꺽, 군침을 삼켰다. 하지만 얼른 고개를 저었다.

"아~ 저 소시지는 사악한 거야. 우릴 꾀고 있는 속셈이 보이잖아. 물론 우린 절대 넘어가지 않지, 그렇지?"

호리병이 황송하지의 눈을 보며 힘주어 말했다.

"그럼요."

황송하지는 고개를 끄덕였지만, 저도 모르게 자꾸만 소시지에 눈길이 갔다.

"아~ 나, 갔다 올게. 뭐라도 찾아봐야지."

"전 돼지 똥을 더 운반해야 돼요."

"아~ 다리 아파!"

호리병이 마당을 나섰다. 황송하지도 다시 돼지 똥을 구하러 우리로 향했다.

그때 뒷산에서 시원한 바람 한 줄기가 산비탈을 타고 내려와 마당을 쓸고 지나갔다. 바람에 실려 비엔나소시지의 고소하고 짭짤한 향기가 쏘옥, 황송하지의 콧구멍으로 밀려 들어왔다. 꿀꺽. 황송하지는 군침을 삼켰다. '기회는 지금이다' 싶었는지, 뱃속에서도 꼬르륵 소리와 함께 진동이 가슴까지 울려 퍼졌다. 황송하지는 보이지 않는 힘이 잡아당기기라도 한 듯, 스르륵 비엔나소시지 앞으로 다가갔다.

꾸웨엑 꾸웨엑. 새끼 돼지들이 난리였다. 새끼 돼지의 눈에 공포(소시지처럼 날 잡아먹을 거야.), 혐오(저 탱글탱글 귀여운 소시지를 꿀꺽꿀꺽 삼키다니!), 굳은 결심(너를 괴롭혀 주리라.)이 가득했다. 새끼 돼지들은 황송하지를 피해 사방으로 달아났다. 한곳에 모여 있던 돼지 똥도 보이지 않았다.
"안 돼. 가지 마!"
황송하지는 물고 있던 비엔나소시지를 입안으로 밀어 넣고 새끼 돼지를 잡으러 뛰었다. 하지만 새끼 돼지는 놀랍도록 잽싸고 미끄러웠다. 개구리처럼 펄쩍 뛰어올라 벌처럼 덮쳤지만 번번이 먼지만 뒤집어썼다. 겨우겨우 새끼 돼지를 잡았어도 곧바로 겨드랑이 사이로 쏙 빠져나가 버려서 돼지 꼬리에 뺨만 맞았다.

"이대로는 안 되겠어."

황송하지는 도움이 될 만한 것을 찾다, 부엌 벽에 걸린 소쿠리를 발견했다.

황송하지는 소쿠리를 새끼 돼지에게 던졌다. 소쿠리는 정확하게 날아가 새끼 돼지를 가뒀다. 새끼 돼지는 꾸웨엑, 엄청나게 요란한 비명을 지르며 소쿠리를 쓴 채로 달아났다. 그런데 새끼 돼지가 돼지우리 쪽으로 달아나는 게 아닌가. 황송하지는 새끼 돼지가 우리에 들어오자마자 곧장 문을 닫았다. 소쿠리가 이렇게 도움이 될 줄이야. 황송하지는 소쿠리를 다시 챙겨서 두 번째 새끼 돼지를 찾아 나섰다.

"나, 완전 방전됐어. '체험실 안에서 음식을 먹지 말라.'는 규칙을 어겨서 벌을 받는 건가?"

황송하지는 평상에 벌렁 누웠다. 빨랫줄에 남은 비엔나소시지를 노려봤다. 그래도 비엔나소시지가 맛있게 보이는 건 변함 없다.

"어차피 벌은 받은 것 같으니, 저걸 다 먹을까?"

황송하지가 중얼거렸다.

꾸웨엑 꾸웨엑. 돼지우리에서 25마리의 새끼 돼지가 요란스럽게 울어 댔다.

"아~ 무슨 일 있었어? 돼지 비명이 냇가까지 울리더라."

호리병이 수레를 끌고 마당에 들어섰다. 해바라기꽃이 수북했다.

"우와! 해바라기꽃이 엄청 커요."

"그렇지? 억새랑 해바라기씨, 유채씨, 콩 중에 뭘 선택할까 고민했는데, 이 동네 억새는 키가 엄청 크더라고. 아무리 나, 호리병이라도 그렇게 거대한 억새를 운반하는 건 무리지. 유채씨는 작아서 한참 따야 할 것 같고, 콩은 먹어야지."

호리병이 평상에 앉아 해바라기꽃에서 씨앗을 털었다. 황송하지가 가져온 소쿠리 반쯤, 씨앗이 쌓였다. 호리병은 수건을 물에 적시고 젖은 수건에 해바라기 씨앗을 놓고 비볐다. 씨앗의 껍질이 벗겨졌다.

황송하지가 슬쩍 호리병 옆에 앉아서, 씨앗 껍질 까는 일을 도왔다.

"고모, 저기요, 제가 비엔나소시지를 먹었어요. 죄송해요."

황송하지가 조그맣게 말했다.

"아~ 알아. 아까는 비엔나소시지가 네 줄이었는데 지금 두 줄이잖아."

"죄송해요."

"아~ 괜찮아. 나라도 혼자 있었으면 먹었을 거야. 아마 다 먹어 버렸을걸? 휴, 이제 겨우 껍질을 다 깠다."

호리병이 웃었다.

"대신 소시지를 먹었더니 제 뇌가 팽팽 움직여서, 아까 본 동영상 내용이 다 기억나요."

"아~ 그래? 씨앗을 다 깠으니 이제 해바라기씨 기름을 짜면 되지?"

"아뇨. 동영상에는, 저 선반에 있는 해바라기씨 기름에 가성칼리, 메틸 알코올을 넣어서 저으라고 했어요."

황송하지가 3층 선반을 가리켰다. 해바라기씨 기름, 유채씨 기름, 가성 칼리, 메틸 알코올, 에탄올 효소, 디젤 효소라 적힌 하얀 플라스틱 통이 선반에 가득했다.

"아~ 내, 내가, 나 호리병이 해바라기씨 기름을 만들려고, 나보다 더 키가 큰 해바라기에서 꽃을 따왔고, 씨앗을 털었고, 다시 씨앗 껍질을 벗겼는데, 이미 해바라기씨 기름이 있다고?"

"네."

"아~ 호리병이 헛수고를 하다니……. 이런 일은 절대, 있어선 안 돼, 절대!"

"고모, 울어요?"

"울긴! 나는 통신문의 호리병 기자야! 좋아, 이상한 박사가 준비해 둔 저 해바라기씨 기름으로 바이오 디젤을 만들자. 해바라기씨 기름에 가성 칼리, 메틸 알코올을 넣으라고?"

호리병이 선반 앞으로 성큼성큼 다가갔다. 노트북을 옆으로 치우고, 테이블에 해바라기씨 기름, 가성 칼리, 메틸 알코올 통을 올렸다.

"아~ 지금부터 내가, 바이오 디젤을 만들어 보겠어요."

호리병이 커다란 비커에 해바라기씨 기름을 붓고 가성 칼리, 메틸 알코올도 넣은 뒤, 휘휘 저었다. 팔이 아팠지만, 참았다. 10여 분을 저었더니 기름 색깔이 짙어지면서 갈색 액체가 밑에 가라앉았다.

"고모, 가라앉은 그 갈색 물질이 글리세린이고요, 위에 있는 맑은 액체가 바이오 디젤이에요."

황송하지가 말했다.

"아~ 바이오 디젤 완성! 미션 완수!"

호리병이 맑은 노란색 액체가 담긴 비커를 흔들며 신나게 발을 굴렀다. 황송하지가 박수를 쳤다.

"와! 역시 우리 고모야!"

"아~ 땡큐! 나, 호리병이 제6 체험실의 미션을 완수했네."

"하지만 고모. 이번 미션은 '재생 에너지로 에너지 순환의 법칙을 완성하라.'는 건데요?"

"뭐, 뭐, 뭐, 뭐……? 그럼 이 해바라기씨로 만든 바이오 디젤은 미션과 상관이 없는 거야?"

"모르겠어요. 노트북에 있는 동영상에는 바이오 디젤을 경유와 섞어서 연료로 사용한다는 설명만 있었거든요."

황송하지가 머뭇거리며 대답했다.

윽! 호리병은 쓰러지고 말았다. 이곳을 벗어나기만 하면, 이상한 박사를 갈기갈기, 아니, 피가 마르도록 들볶아 주겠다는 계획도 위로가 되지 않았다. 성급하게 일을 한 자신에게 화가 났다. 황송하지가 호리병을 부축해서 평상에 눕혔다. 호리병은 눈을 감았다. 그리고 정확히 59초 후, 벌떡 일어났다.

호리병은 해바라기꽃과 씨앗, 씨앗 껍질을 소쿠리에 담았다. 그리고 돼지우리에 가서, 사료 통에 쏟아 주었다. 새끼 돼지들이 몰려들어 해바라기꽃과 씨앗, 껍질을 먹었다. 호리병이 무섭게 새끼 돼지들을 노려보며 발을 까닥거렸다. 새끼 돼지들이 호리병의 눈치를 보며, 우리 한쪽에 수북이 똥을 쌌다. 호리병은 똥을 손수레에 실었다. 그리고 메탄가스를 만드는 오물통에 똥을 쏟았다. 그리고 천천히, 신중하게 가스 밸브를 열고 가스레인지를 켰다.

화르륵, 불길이 일었다.

"미션 완수. 끝!"

호리병은 무표정하게 선언하고, 평상으로 되돌아와 다시 기절했다.

황송하지는 베개 대신, 배낭을 접어 호리병 머리 밑에 괴어 줬다. 그리고 가방에서 포스트잇과 샤프를 꺼냈다. 황송하지는 호리병 옆에 엎드려 편지를 썼다.

고모, 메탄가스와 함께 만들어지는 액체 비료를 해바라기에 꼭 뿌리세요. 그래야 에너지 순환이 완성되거든요.

— 황송하지 씀

"고모, 저만 믿어요. 미션은 제가 꼭 완수할게요. 우리 통신문 기자의 근성을 보여주겠어요."

황송하지가 호리병을 보며 두 주먹을 꽉 쥐었다. 그러곤 늘 그랬듯, 거짓말처럼 나타난 제7 체험실 입구로 들어갔다.

호리병 이마에 붙은 포스트잇이 바람에 나부꼈다.

황송하지의 취재수첩

이상한 박사님, 재생 에너지의 방은 저랑 호리병 고모에게 고통만 줬어요. 직접 에너지를 만드는 게 이토록 힘들 줄이야.

제6 체험실은 가장 쉽게 에너지 체험을 하는 곳인데, 참 이상하군요. 준비된 영상을 잘 보고 새끼 돼지들을 놀라게 하지만 않는다면 말이죠.

앞에서 알아보았지만, 지금 사용하는 에너지는 모두 단점이 있습니다. 어떤 단점인지 정리해 볼까요?

첫째, 화석 연료는 사용할수록 보유량이 점점 줄어들어서, 계속 사용할 수 없습니다. 둘째, 화력 발전은 오염 물질을 만들어서 공기를 오염시키고, 지구 온난화를 일으키기도 합니다. 셋째, 원자력 발전은 방사능 노출로 인한 위험한 사고가 생길 수도 있지요. 넷째, 수력 발전은 전기 에너지 손실이 많고, 환경에 피해를 줍니다.

그럼 새로운 에너지는 어때야 할까요?

첫째, 오염 물질을 만들지 않는 깨끗한 에너지여야 합니다. 둘째, 안전해야 합니다. 셋째, 사용해도 남은 양이 줄지 않고, 계속 사용할 수 있어야 합니다.

★ 바이오 에너지 순환 과정

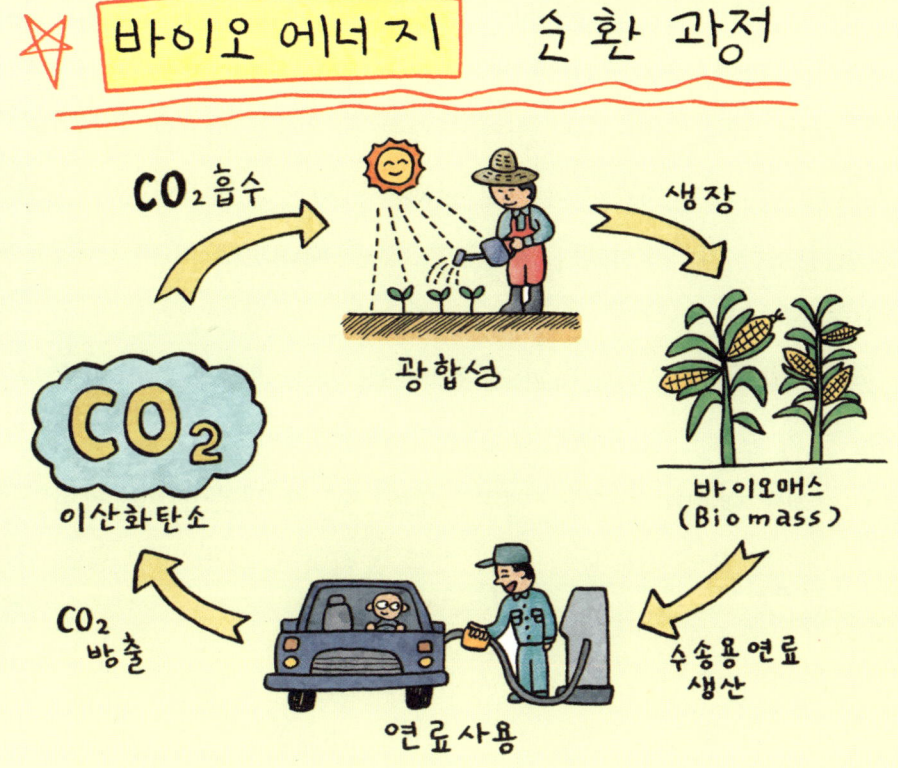

이 조건을 충족하는 게 바로 황송하지 님과 호리병 님이 제6 체험실에서 '돼지 똥'으로 만든 재생 에너지입니다.

상상만 해도 재생 에너지는 참 멋지죠? 돼지 똥이 뭐가 멋지냐고요? '돼지 똥'이라고 말하니, 좀 구리구리한 냄새가 나는 것 같군요. 그럼 돼지 똥 대신 바이오매스라고 부르죠. 바이오매스는 생물과 생물이 만든 물질을 말합니다. 동물의 분뇨, 음식물 쓰레기, 나무, 식물의 씨앗 등이죠. 바이오매스를 에너지원으로 만든 에너지를 재생 에너지의 한 종류인 바이오 에너지라 합니다.

 생물을 에너지원으로 사용하는 에너지라니, 혹시 태양 에너지가 떠오르지 않나요? 오, 그렇습니다! 생물 속에 태양 에너지가 저장되어 있다고 했죠. 생물 속에 저장된 태양 에너지를 이용해서 새로운 재생 에너지를 만드는 것이 바로 신재생 에너지의 원리입니다. 몽골같이 건조한 지역에서 동물의 똥으로 불을 때는 것도 바이오매스로 에너지를 만든 겁니다.

 이제 제6 체험실에서 바이오 에너지를 만든 과정을 정리해 볼까요? 새끼 돼지 똥을 오물통에 모으고, 미생물을 넣어 발효시켰습니다. 그러면 메탄이 나오죠. 메탄은 천연가스와 성분이 비슷합니다. 그래서 가스레인지에 불을 켜고, 차를 움직이고, 화력 발전 등에 사용할 수 있죠.

 유채 씨앗, 콩, 옥수수, 억새, 사탕수수 등으로 바이오 연료를 만듭니다. 바이오 연료는 바이오 에탄올, 바이오 메탄올, 바이오 디젤을 말합니다. 이미 브라질에선 자동차의 70%에 사탕수수로 만든 바이오 에탄올을 사용합니다. 호리병 님이 발견한 키가 4m나 되는 거대 억새는 우리나라에서 개발했습니다. 거대 억새를 발효해서 바이오 에탄올을 만들죠.

 제4 체험실에서 물의 힘으로 전기를 만드는 수력 발전, 바람의 힘으로 전기를 만드는 풍력 발전을 체험했죠? 물과 바람도 재생 에너지입니다. 재생 에너지는 제7 체험실에서 다시 소개하겠습니다.

우리 집에서 사용하는 에너지도 직접 만들 수 있을까요? 집에 난방을 하고, 목욕물을 데우고, 자동차도 달리게 하고 가전제품도 다 사용할 수 있게요.

솔직히 바이오매스는 석유, 석탄, 천연가스와 비교해서 열량이 낮습니다. 화석 연료는 땅속 깊은 곳에서 오랜 시간 동안 뜨거운 열과 높은 압력을 받아서 에너지가 압축되어 있으니까요. 더구나 바이오매스는 원자력 에너지의 열량과는 비교할 필요도 없을 겁니다.

하지만 이미 직접 만든 바이오 에너지로 에너지 자립에 성공한 마을이 있습니다. 오스트리아 무레크(Mureck) 마을입니다. 무레크에선

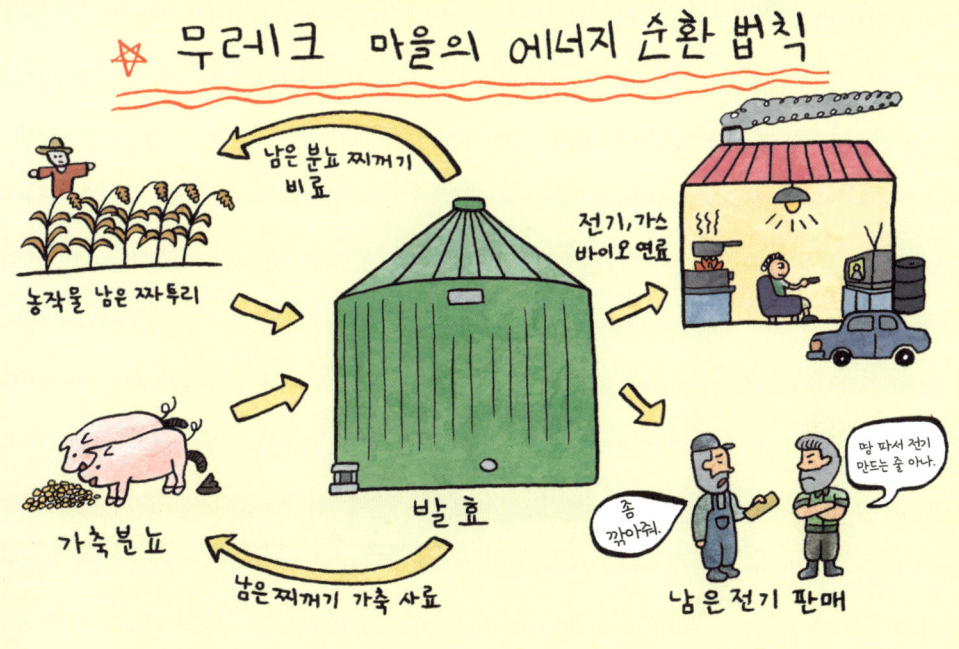

화석 연료, 원자력 등을 사용하지 않습니다. 대신 주민이 직접 만든 에너지를 사용하죠.

무레크에선 어떻게 에너지를 만들까요? 폐식용유(치킨 가게에서 닭튀김을 만들고 남은 식용유 같은 거죠.)는 일단 다 모아서 바이오 디젤을 만듭니다. 바이오 디젤을 파는 주유소도 있답니다. 자투리 나무와 잡목으로 나무 칩을 만들어 난방을 합니다. 옥수숫대처럼 농사짓고 남은 자투리와 가축 분뇨로는 전기를 만듭니다.

무레크에선 에너지원을 사는 비용이 거의 들지 않습니다. 폐식용유, 분뇨, 잡목, 옥수숫대 같은, 사람들이 사용하고 남은 폐기물로 에너지를 만드니까요.

오염 물질도 거의 배출하지 않습니다. 나무를 태우면 이산화탄소가 나오는데, 그 이산화탄소는 나무가 광합성을 하면서 공기 속에서 가져간 이산화탄소입니다. 그러니 이산화탄소의 양을 늘린 것은 아닙니다.

무레크가 에너지 자립 마을로 인정받는 것은, 무엇보다 에너지 순환의 법칙을 잘 지키고 있기 때문입니다. 농사짓고 남은 자투리를 발효해서 바이오 연료를 만듭니다. 발효되고 남은 찌꺼기는 가축에게 먹입니다. 그 가축의 분뇨를 발효해서 메탄을 만들죠. 메탄을 만들고 남은 분뇨 찌꺼기는 농사지을 때 비료로 사용합니다. 그 비료를 먹고 농작물이 자라고, 그 농작물의 자투리로 바이오 연료를 만드는 과정이 반복됩니다. 무레크 주민이 만든 바이오 에너지는 마을 전체가 사용하고도 남아서, 이웃 마을에 남은 전기를 팝니다.

  신재생 에너지의 단점도 있습니다. 옥수수, 사탕수수 등으로 바이오 연료를 만들기 때문에 곡물 가격이 오릅니다. 만들 수 있는 에너지의 양도 화석 연료에 비하면 적지요.

이것만은 기억하자!

1. 재생 에너지는 반복(재생)해서 사용할 수 있어야 한다.
2. 재생 에너지는 환경을 오염시키지 않고 안전해야 한다.
3. 바이오 에너지는 바이오매스로 만든 에너지다.

우리나라에도 에너지 자립 마을이 늘고 있어. 그곳에서는 마을 주민이 재생 에너지를 직접 만들어 사용하지. 어떻게 재생 에너지를 만드는지 알아볼까?

제7 체험실
에너지 하베스팅의 방

"여긴 어디지? 우주선 안인가?"

황송하지가 주위를 둘러봤다. 화장실만 한 작은 공간에 복잡한 전기 장치가 가득했다. 창밖으로 별이 둥둥 떠 있었다. 그러고 보니 황송하지가 움직일 때마다 다리가 공중으로 들리고 몸이 들썩였다. 황송하지가 의자 등받이를 꽉 잡았다.

"저 별은 지구본처럼 생겼다."

"지구입니다."

"앗, 깜짝이야!"

황송하지가 펄쩍 뛰었다. 몸이 둥실 떠올랐다.

"저는 이 우주선을 조절하는 인공 지능 지니K입니다. 그동안 7단계까지 온 사람이 없어서 제가 아주 심심했습니다. 저는 대화를 좋아합니다."

"여기가 진짜로 우주야?"

"정신 차리십시오. 여긴 에너지 체험관이잖습니까."

지니K가 황송하지에게 핀잔을 줬다. 황송하지는 지니K가 살짝 괘씸했지만, 한 번은 참기로 했다.

"일곱 번째 체험실은 뭘 체험하는 곳이야? 미션은 뭐고?"

"여기도 여섯 번째 체험실처럼 신재생 에너지를 체험하는 곳입니다. 신재생 에너지는 친환경 에너지라고도 하……."

"그만, 설명은 됐어. 내가 뭘 하면 되는지만 알려 줘."

"저는 이상한 박사님을 제외하곤 말을 하지 못해서, 말을 더 하고 싶……."

"미션이 뭐냐니까?"

"음, 성격이 급하군요. 알겠습니다. 이 가상 우주선은 태양 전지로 움직입니다. 태양광 에너지를 받아서 전기를 만드는 거죠. 이곳에서 숨 쉴 수 있는 것도 인공 나뭇잎이 태양광 에너지를 받아 산소를 만들기 때문입니다."

"이곳에선 태양 에너지를 사용한다는 거야?"

"태양광 에너지뿐 아니라 사람이 움직일 때 만들어지는 열, 압력, 마찰 등의 에너지도 사용합니다."

"또 불을 피워서 열에너지를 만들라는 거야?"

"우주선 안에서 불이라뇨? 이곳의 미션은 이 우주선을 운전해서 지구로 귀환하는 겁니다. 도착지 주소는 오성시 별빛로 822-12, 에너지 체험관입니다."

지니K가 제7 체험실의 미션을 알려 줬다.

"내가 어떻게 우주선을 운전해? 난 자전거 운전도 못 해."

"쯧쯧쯧. 제가 있잖습니까. 그리고 이 상황은 가상 현실이에요. 그러니 우주인 님께선 이 우주선이 사용할 에너지와 숨 쉴 수 있도록 산소만 만들면 됩니다."

"내가 발전기를 만들까? 나, 발전기 구조도 알아."

"발전기는 필요 없습니다. 태양 전지만 있으면 됩니다. 우주선 양쪽에 검은색으로 반짝이는 태양 전지가 있습니다. 태양 전지에 태양광 에너지가 닿으면 저절로 전기가 만들어집니다."

"진짜? 오호, 이번 체험실은 편하겠다, 저절로 전기가 만들어지니까. 태양광 에너지는 패스! 그리고 내가 에너지를 만들 필요도 없으니 이것도 패스! 그럼 난, 별 구경이나 할래."

"아닙니다. 가끔 태양광 에너지를 막는 것이 있습니다. 이를테면, 이 우주선과 태양과 우주선 사이에 다른 별이나, 우주 쓰레기가 끼어들죠. 그럼 태양광 에너지로 전기를 만들 수 없게 됩니다."

"아, 그렇겠네. 그럴 때는 어떻게 해야 해?"

"첫 번째 방법, 우주인이 움직여서 에너지를 만들어야죠. 아, 이렇게 무언가가 움직일 때 만들어지는 열, 압력, 마찰 등으로 에너지를 만드는 것을 '에너지 하베스팅'이라고 합니다. 적으세요, '에너지, 하, 베, 스, 팅'이라고. 그리고 두 번째 방법, 우주선을 태양광을 받을 수 있는 곳으로 이동시키는 방법도 있습니다. 조종대를 왼쪽, 오른쪽, 앞뒤로 움직이면 됩니다."

"오호. 두 번째 방법이 마음에 들어. 자동차 경주 게임이랑 비슷하네."

"겨우 자동차 게임 따위와 비교하다니, 제 자존심이……."

"우와, 저게 태양이야?"

창문 너머 멀리, 태양이 보였다. 지구에서 봤을 때는 태양이 눈부신 공처럼 보였는데, 이곳에서 보니 태양의 표면이 꿈틀거리는 것 같았다.

"서랍장을 열면 신발과 옷이 있습니다. 웨어러블(wearable) 에너지 기술이 적용된 신발과 옷입니다. 신발을 신고 다니면, 몸무게가 신발을 누르는 압력이 전기로 바뀌어서 저장됩니다. 옷도 전기로 바꿔서 저장시킵니다. 이게 바로 에너지 하베스팅입니다."

황송하지가 서랍을 열었다. 운동화와 얇은 점퍼가 치수별로 놓여 있었다.

"이걸로 전기를 만든다고, 내 거랑 비슷해 보이는데?"

황송하지가 225 사이즈 운동화로 갈아 신고, 75 사이즈 점퍼를 꺼내 입었다.

황송하지가 조종실 밖으로 나왔다. 신발이 바닥에 닿을 때마다 뽕 뽕 뽕, 하는 소리가 났다.

"이 운동화가 전기를 만들고 있는 건가?"

황송하지가 오른발을 들어 운동화를 살폈다. 굽이 조금 높았지만 보통의 운동화랑 비슷해 보였다.

좁은 통로를 따라가자 바닥에 둥근 구멍이 있고 구멍 안에 사다리가 있었다. 황송하지는 사다리를 타고 아래층으로 내려갔다.

"피아노 건반 같다."

"맞습니다."

"아, 깜짝이야! 지니K, 너 여기에도 있니?"

"물론입니다. 이 우주선은 제 손바닥 안에 있습니다. 물론 여기서 말한 '손바닥'은 비유적인 표현입니다. 전 손바닥이 없으니까요. 바닥은 피아노 건반이 맞습니다. 누르면 소리가 납니다. 그리고 전력 생산 타일로 만든 건반이라, 건반을 누르는 압력이 전기 에너지로 바뀌어서 충전기에 저장됩니다."

"와! 이렇게 쉽게 전기를 만들다니, 진짜 좋다!"

황송하지가 입으로 〈나비야〉를 계이름으로 부르며 발로 건반을 밟았다.

"솔미미 파레레 도레미파 솔솔솔."

건반을 밟으니, 그에 맞춰 건반에 LED 불이 들어오고, 피아노 소리로 〈나비야〉가 연주되어 들렸다.

"황송하지 님이 만든 전기로 전기 피아노가 연주되고, 전구에 불이 켜졌습니다."

"이제 운동화 바닥이 눌릴 때의 압력이랑 전력 생산 타일을 누를 때 압력으로 전기가 만들어지는 건 알겠어. 그럼 이 점퍼로는 어떻게 전기를 만들어?"

"이미 그 점퍼는 몸의 열에너지(체온이죠.)를 전기 에너지로 바꿉니다."

"와, 진짜? 나, 이 옷이랑 운동화를 선물로 주면 안 돼?"

"저는 그런 결정을 할 권한이 없습니다."

"쳇."

황송하지가 입을 삐죽였다.

그때 '삐잉 삐잉 삐잉' 하는 경고음이 울렸다.

"비상 상황입니다. 태양 전지에서 전기를 만들지 못하고 있습니다. 전기가 없으면 우주선이 멈춥니다. 서두르세요."

"갑자기 나한테 왜 이래?"

황송하지는 어쩔 줄 몰랐다.

"서두르세요. 곧 저도 꺼질 겁니다."

"안 돼! 꺼지지 마. 나만 두고 가면 어떡해?"

황송하지는 지니K가 어디에 있기라도 한 듯, 주변을 둘러봤다. 경고등이 붉게 반짝였다.

"침착, 침착, 침착! 이제 나밖에 없어. 내가 무사히 미션을 마쳐야 해."

황송하지가 침을 삼키며 고개를 끄덕였다.

황송하지가 조종실로 되돌아갔다. 태양 전지가 전기를 만들지 못하는 원인을 알아야 했다.

"저 앞에 있는 별이 혹시 달이야?"

황송하지가 태양을 가린 별을 가리켰다.

"그렇습니다. 달이 태양과 우주선 사이에 있습니다. 지금처럼 태양과 지구 사이에 달이 있어서, 지구에 태양광 에너지를 막는 현상을 일식이라……."

"그만. 대답은 짧게 해. 그래야 전기를 아끼지. 다시 우주선이 태양광 에너지를 받을 수 있는 방법만 설명해 줘."

"조종석 앞에 조종대가 있습니다. 조종대를 움직여서 달 그림자를 벗어나십시오."

황송하지가 조종석에 앉았다. 양손으로 자동차 운전대처럼 생긴 조종대를 꼭 잡았다. 황송하지는 조종대를 앞으로 오른쪽으로 천천히 돌렸다.

"잘못된 운전입니다. 달 그림자 중심으로 더 들어가고 있습니다. 반대로 조종하십시오."

지니K가 말했다.

"알았어."

황송하지는 조종대를 왼쪽으로 돌렸다.

"잘하셨습니다. 달 그림자를 벗어나면 다시 태양광 에너지가 태양 전지에 닿아서 전기를 만들 겁니다. 그동안 전기를 아껴야 합니다. 지금부터 절전 모드를 시작합니다. 저는 잠을 자게 됩니다."

지니K의 말이 끝나자마자 우주선의 전구가 하나씩 꺼졌다. 황송하지는 달이 태양을 막아서 더 어두워진 우주에서, 우주선의 불마저 꺼지니 덜컥 겁이 났다.

"지니K, 지니K!"

황송하지가 불렀지만, 아무런 소리도 들리지 않았다.

"어휴, 빨리도 잠드네."

황송하지는 멍하니 조종석에 앉아 있었다. 창밖으로 우주 쓰레기가 휙휙 날아들었다. 우주선에 부딪칠 거 같아서 너무 무서웠다.

"밖을 보니까 더 무섭다. 아래층으로 내려갈까?"

뽕뽕뽕, 황송하지가 걸을 때마다 소리가 따라왔다.

"아, 맞아. 내가 전기를 만들 수 있지?"

황송하지는 전력 생산 타일로 만든 건반을 뛰어다녔다. LED 전구에 불이 들어오며 주위가 밝아졌다. 밝아지자 건반을 알아볼 수 있었다. 황송하지는 〈파란 마음 하얀 마음〉, 〈모두모두 자란다〉를 연주했다.

연주를 할수록 더 빨리 건반을 밟을 수 있었고, 몸에서 열이 났다.

"하늘 향해 두 팔 벌린……."

연주하는 것이 익숙해지자 황송하지는 〈어린이 노래〉를 발로

연주하며 노래를 불렀다.

"아, 그런데 이 점퍼에서 만든 전기는 어디에 쓰일까?"

"배터리에 저장됩니다."

지니K의 목소리가 들렸다.

"지니K, 깼구나! 내가 이 건반을 얼마나 열심히 뛰어다녔는지 알아? 이것 좀 봐, 몸에서 열도 나고 땀도 줄줄 흐르잖아. 옷도 많이 구겨졌어."

"아주 잘하셨습니다. 지금 달의 그림자를 벗어났습니다. 곧바로 태양광 에너지로 전기를 만들고 있습니다."

"진짜? 아, 다행이다. 나 너무 힘들어. 배도 엄청 고파."

황송하지는 바닥에 주저앉았다. 한참을 전력 생산 타일로 만든 건반 위를 뛰어다니며 전기를 만들었더니 완전히 녹초가 되었다. 황송하지는 깜박 잠이 들었다.

"황송하지님, 곧 에너지 체험관에 도착합니다."

"도착……?"

황송하지가 눈을 비볐다.

"이제 우주선에서 내리십시오. 일행이 기다리고 있습니다."

"고마워. 잘 있어, 지니K."

황송하지가 우주선에서 내렸다.

제7 체험실 밖으로 나오니, 처음 이상한 박사를 만난 체험관 입구였다. 이상한 박사가 황송하지를 맞았다.

"짝짝짝. 축하합니다. 일곱 개의 체험실에서 모든 미션을 완수했습니다."

"손가락, 안 다쳤어요?"

"물론입니다."

이상한 박사가 고개를 끄덕였다.

"아빠 딸."

"송하지야."

황소와 다른 통신문 기자들이 황송하지에게 다가왔다.

"우리 송하지. 참 장하다, 하지"

제갈윤이 황송하지에게 엄지를 치켜들었다.

"히힛! 다 여러분들이 도와준 덕분입니다. 물론 제가 많이 똑똑하죠."

황송하지가 손등으로 옆 머리카락을 튕겼다.

"일단, 제가 드렸던 렌즈를 돌려주십시오."

"이 렌즈, 정말 신기했어요. 진짜 우주에 있는 기분이었다니까요."

황송하지가 이상한 박사에게 렌즈는 건넸다.

"그렇죠? 저희 에너지 체험관은 아주 특별한 곳이니까요. 자, 이제 미션 완수 상품과 체험관 기념품을 드리겠습니다."

이상한 박사가 큰 상자와 작은 상자 일곱 개, 종이봉투 두 개를 가리켰다.

황송하지가 미션 완수 상품으로 받은 큰 상자를 열었다.

"나 이거, 텔레비전에서 봤어. 내 얼굴도 보이네?"

황소가 태양열 에너지 조리기에 얼굴을 비춰 봤다.

"에너지 체험관에서 왜 운동화를 기념품으로 줄까요?"

제갈윤이 작은 상자에서 운동화를 꺼냈다.

"우와와! 그 운동화, 전기 만드는 운동화예요. 에너지 하베스팅, 웨어러블! 진짜 가지고 싶었는데, 이상한 박사님, 고맙습니다."

황소하지가 운동화 상자를 가슴에 꼭 안고는 폴짝폴짝 뛰었다.

"우리 체험관에서 준비한 기념품이 마음에 든다니, 기쁩니다. 자, 이제 그만 헤어져야겠군요. 안녕히 가십시오."

"안녕히 계세요."

황송하지와 통신문 기자들이 에너지 체험관 밖으로 나왔다.

"아, 맞다. 미션을 완수하지 못하면 에너지원이 된다고 했잖아요? 어떤 에너지원이 되는지 물으려 했는데 깜박했어요."

황송하지가 아쉬워했다.

"아~ 난 양푼 비빔밥을 먹으러 가겠어요. 같이 갈 분, 손!"

호리병이 통신문 기자들을 둘러봤다.

"우리 몽땅 다! 좋아, 양푼 비빔밥을 삼 인분쯤 먹고 나서 기사를 쓰자고, 아자아자!"

황소가 외쳤다.

이상한 박사님, 하늘에서 유난히 반짝이는 별을 봤어요. 그래서 아빠에게 별 이름을 물었더니, 그건 별이 아니라 인공위성이라지 뭐예요?

인공위성은 참 많은 역할을 합니다. 우리가 먼 나라에서 일어나는 일을 곧바로 알 수 있는 건, 인공위성 덕분입니다. 실시간으로 지도를 검색하고, 내비게이션으로 실시간 교통 상황을 알 수 있는 것도, 일기 예보도 인공위성 덕분이죠.

인공위성도 컴퓨터나 냉장고처럼 전기 에너지가 있어야 작동합니다. 하지만 지구에서 인공위성까지 전기를 보낼 방법이 없죠. 다행히 우주에도 태양 에너지가 있습니다. 태양 빛을 가리는 구름, 매연, 먼지가 없기 때문에 우주에선 지구보다 태양 에너지가 더 셉니다.

제7 체험실, 우주선은 태양광 에너지를 전기 에너지로 바꿔서 움직였죠? 인공위성도 마찬가지입니다. 인공위성의 날개엔 태양 전지가 빼곡히 붙어 있습니다. 태양 전지(태양광 패널)는 태양 빛을 받으면 저절로 전기가 만들어집니다. 발전기가 필요 없죠.

태양 에너지는 전기 에너지뿐 아니라 산소도 만듭니다. 우주선에서 사람이 살려면 산소가 필요합니다. 산소는 식물이 광합성 할 때

만들어지죠. 그래서 우주선 안에 인공 나뭇잎을 넣어서, 인공 나뭇잎이 태양광 에너지를 받아 산소를 만들게 합니다.

우주에서만 태양광 에너지를 사용하는 것은 아닙니다. 건물 옥상이나 벽, 가로등 아래에 태양 전지를 설치해서 전기를 만들기도 합니다. 전자계산기가 건전지 없이 작동하는 것도, 노호혼이 움직이는 것도 태양광 에너지 덕분입니다. 태양 전지만 있으면 어느 장소에서나 전기를 만들 수 있습니다. 태양 전지를 가지고 다니다가, 노트북과 휴대 전화를 충전할 수도 있죠. 네? 비가 올 땐 태양이 안 보인다고요? 역시 황송하지 님은 예리합니다. 그래서 흐린 날에도 태양광 에너지를 만들 수 있는 태양 전지가 개발되었답니다.

태양의 열에너지도 훌륭한 에너지원입니다. 태양열 에너지를 모아 물을 데워서 난방을 하고, 전기 에너지도 만듭니다. 물을 끓여서 증기를 만들고, 그 증기로 터빈 발전기를 돌려 전기를 만들죠.

하지만 태양 에너지로 많은 전기를 만드는 건 단점이 있습니다. 태양의 빛과 열에너지를 받으려면 넓은 장소가 필요하니까요.

체험을 시작했을 때, 제가 '태양이 에너지의 원천'이라고 말했습니다. 대부분의 에너지가 태양 에너지 덕분에 만들어지기도 하지만, 태양 에너지 자체가 엄청난 에너지이기 때문입니다. 한 시간 동안 지구가 받는 태양광 에너지를 모으면, 전 세계 사람이 1년 동안 사용할 수 있을 정도랍니다.

바닥을 누르는 압력이 전기를 만들고, 그 전기로 LED 전등이 켜졌어요. 전기를 만드는 방법은 참 다양한 것 같아요.

제3 체험실에서 빗으로 머리카락을 빗으면 전기 에너지가 생긴다고 했죠? 그것처럼, 주변의 작은 움직임과 열을 이용해서 전기 에너지를 만들 수 있습니다. 그 기술을 '에너지 하베스팅'이라 합니다. 그동안 버려졌던 에너지를 모아 전기 에너지를 만드는 거죠.

모형 우주선에서, 황송하지 님이 전력 생산 타일을 밟아서 전기 에너지를 만들었죠? 부산 서면역에도 전력 생산 타일을 설치해서, 사람들이 그 위를 지나갈 때마다 전기를 만든답니다. 이 에너지 하베스팅 기술을 적용할 곳이 또 없을까요? 그렇죠. 도로 밑에 설치

★ 신체의 움직임을 이용한 에너지 하베스팅

하면, 자동차가 달릴 때마다 전기 에너지가 만들어집니다.

모형 우주선에서 운동화 바닥이 눌리는 압력과 몸의 열에너지도 전기 에너지로 바뀌었죠. 몸의 열에너지는 체온과 기온의 차이를 이용해서 전기를 만드는 기술입니다. 체온은 섭씨 36.5도 정도인데 기온이 20도라면, 16.5도 정도의 온도 차이가 생기죠. 이 에너지 하베스팅은 신발을 신고, 옷을 입으면 저절로 전기 에너지가 만들어지는 기술입니다.

지구 속에도 열에너지가 있습니다. 마그마, 온천만 봐도 지구 속에 아주 뜨거운 열에너지가 있는 걸 짐작할 수 있죠. 이 열을 이용해서 전기를 만드는 것을 지열 발전이라 합니다. 아이슬란드의 가정은 90% 정도가 지열로 물을 데워서 난방을 한답니다.

자동차가 달릴 때도 열에너지가 생깁니다. 엔진 주변의 온도가 약 섭씨 1,000도까지 올라가죠. 자동차는 연료를 태워 자동차를 움직이니까요. 그런데 실제로 자동차를 움직이는 데 사용되는 연료는 20% 정도이고, 연료의 80%는 열에너지로 바뀌어 사라집니다. 이 열에너지로 전기 에너지를 만들 수 있답니다.

수소 연료 전지도 있습니다. 물은 수소와 산소 이루어져 있죠? 수소와 산소를 화학 반응시키면 물이 되는데, 그때 전기 에너지와 열에너지가 생깁니다. 수소로 전기를 만들 때는 공해 물질이 전혀 나오지 않고 환경, 날씨의 영향도 받지 않죠. 수소와 화학 반응을 시킬 산소도 공기 중에 얼마든지 있고요. 이미 수소 연료 전지를 이용한 차가 도로를 달리고 있습니다.

이것만은 기억하자!

1. 인공위성, 우주선, 우주 정거장은 태양광 에너지로 전기를 만들어 작동한다.
2. 태양 전지는 발전기 없이, 태양광 에너지를 곧바로 전기 에너지로 바꾼다.
3. 에너지 하베스팅은 우리 주변에서 버려지는 에너지를 전기 에너지로 바꾸는 기술이다.

지금은 화력 발전의 시대야. 하지만 화석 연료의 고갈, 환경 오염 등의 단점을 보완할 새로운 에너지를 찾아야 하지. 재생 에너지가 에너지의 미래가 될까? 에너지 체험관에서 체험하지 못한 재생 에너지들을 찾아봤어.

에너지 하베스팅

버려지는 에너지를 수집해 전기 에너지로 바꾸는 기술이다. 사물이 움직일 때 생기는 열에너지, 진동 에너지로 전기 에너지를 만들 수 있다. 에너지 하베스팅은 높은 산, 외딴섬 같은 전기 공급이 어려운 곳에서 직접 전기를 만들어 사용하기에 적합한 기술이다.

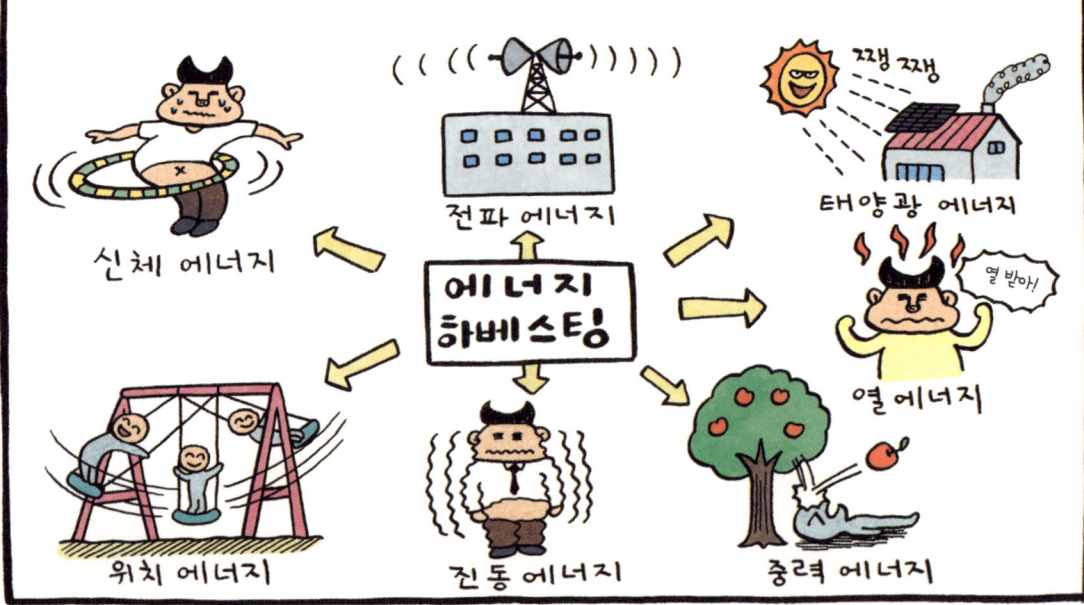

바닷물의 힘으로 전기 에너지를 만드는 조력 발전

밀물과 썰물의 높이 차이를 이용해서 전기 에너지를 만든다. 밀물일 때 바닷물을 방조제에 가둔다. 썰물일 때 방조제의 수문을 열어 바닷물이 바다로 되돌아가는 운동 에너지로 터빈을 돌려 전기 에너지를 만든다.

버려지는 열에너지로 난방을 하는 열 병합 발전

화력 발전은 화석 연료의 일부만 전기 에너지로 바뀌고, 나머지는 열에너지로 버려진다. 원자력 발전도 마찬가지다. 이 버려지는 열에너지로 난방을 할 수 있다. 즉, 증기가 터빈을 돌려 전기 에너지를 만든 다음, 다시 증기의 열에너지로 물을 데워 난방을 하고 공장에서 사용한다.

태양 에너지와 같은 핵융합 에너지

원자력 발전은 원자핵을 분열시켜서 에너지를 만든다. 반대로, 원자핵을 뭉치게 할 때도 엄청난 열에너지가 생긴다. 이 에너지를 핵융합 에너지라고 하는데, 태양의 엄청난 에너지는 수소가 핵융합해서 만들어진다. 하지만 현재는 핵융합 발전을 할 기술이 부족하다.

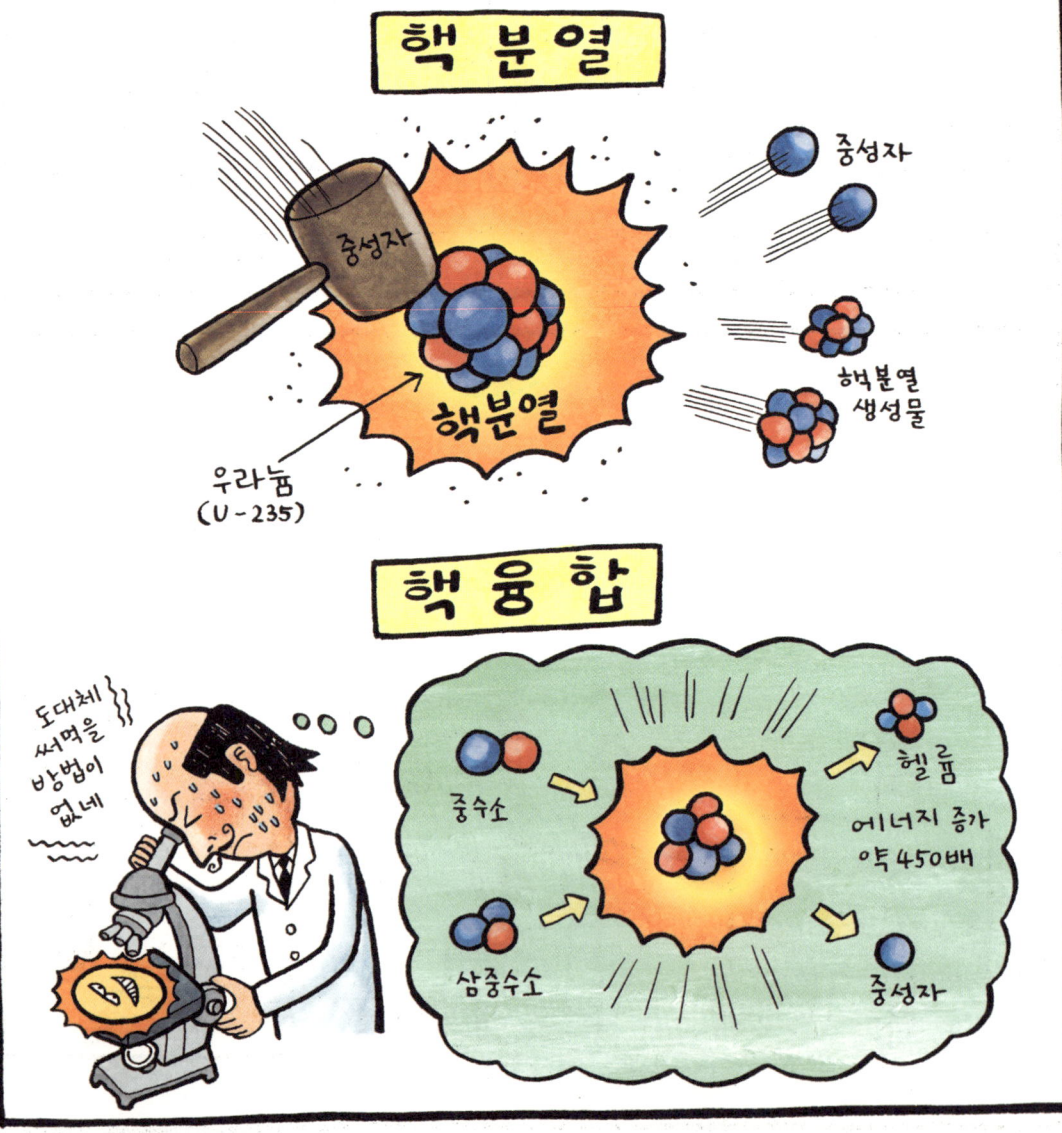

통신문 NEWS

통신문 제263호 3월 2째 주 기사

닷새째 고농도 미세 먼지가 오성시를 뒤덮고 있다. '미세 먼지 비상저감조치'가 내려진 가운데, 초등학생이 보건용 마스크를 끼고 등교하고 있다.

미세 먼지로 뒤덮인 오성시

고농도 미세 먼지가 전국을 뒤덮고 있다. 미세 먼지의 농도가 '나쁨'과 '매우 나쁨' 수준을 유지하면서, 이미 보건용 마스크는 필수가 되었고, 외출도 자제하고 있다. 환경부는 이번 사상 최악의 미세 먼지는, 편서풍을 타고 중국의 미세 먼지가 들어왔지만, 국내에 바람이 불지 않아 미세 먼지가 공기 중에 오랫동안 머물렀기 때문이라 밝혔다.

정부는 2019년 2월 15일부터 '미세 먼지법'을 시행하고 있다. 이에 따라 오성시도 12, 13일 이틀 동안 자동차 운행 제한, 배출 시설 가동률 조정, 휴교·휴업, 출퇴근 시간 조절 등의 비상 저감 조치를 시행했다. 하지만 미세 먼지를 만드는 주요 원인은 화석 연료이다. 화력 발전과 공장에서 사용하는 연료, 자동차 배기가스 등, 우리가 사용하는 주요 에너지원이 화석 연료인 상황에서, 미세 먼지법이 근본적인 해결책으론 부족하다는 지적이다.

화석 연료 시대, 언제까지 계속될까?

영국에서 시작된 산업 혁명은 석탄이 없었다면 불가능했을 것이다. 그 후, 석유와 천연가스가 중심 에너지원이 되었다. 산업과 기술을 발달시키는 데 가장 큰 공을 세운 화석 연료지만, 피해도 컸다. 화석 연료가 뿜어내는 이산화탄소와 공기 오염 물질이 지구 온난화를 일으켜서 지구 곳곳이 몸살을 앓고 있다. 화석 연료를 생산하는 기업과 국가의 횡포로 세계 경제가 휘청거리고, 석유를 차지하기 위해 전쟁도 불사한다.

화석 연료의 문제점이 화석 연료의 독점, 환경 오염만 있는 것도 아니다. 석유, 천연가스가 짧게는 60여 년, 길어야 200~300년 동안 사용할 만큼만 남았다는 주장이 많다. 당장 우리가 사용할 화석 연료는 있지만, 미래 세대가 사용할 화석 연료는 부족한 것이다.

더구나 우리나라는 석탄 이외의 화석 연료가 생산되지 않는데, 화석 연료에 대한 의존도는 높다. 보건용 마스크와 공기 청정기가 필수품이 될 만큼, 화석 연료가 만든 공기 오염이 심하다. 화석 연료, 지금처럼 사용해도 될까? 더 나은 에너지는 없는지 고민할 때다.

통신문 어린이 기자가 에너지 체험관에서 물의 힘으로 전기를 만드는 체험을 하고 있다.

에너지의 모든 것을 한눈에, '괴상하고 무서운' 에너지 체험관

환경 오염으로 친환경 에너지에 대한 필요성이 높아진 가운데, 오성시에 '괴상하고 무서운 에너지 체험관(이하 에너지 체험관)'이 문을 열었다. 에너지 체험관은 일곱 개의 체험실로 이루어지며, 각각 체험실에선 에너지에 관한 모든 것을 체험할 수 있다. 체험관장 이상한 박사는, "저희 에너지 체험관은 몸으로 직접 다양한 에너지를 체험할 수 있는 것이 특징."이라며 "에너지가 무엇인지, 어떻게 발전했는지, 지금 사용하는 에너지의 장점과 단점이 무엇인지를 정확하게 알아야 미래의 에너지를 준비할 수 있다."고 에너지 체험관의 의미를 설명했다.

본 기자는 정식 개관하기 전, 에너지 체험관에서 다양한 에너지를 체험했다. 에너지 체험관은 에너지에 대한 알찬 내용뿐 아니라 가상 현실로 꾸며져 더욱 실감나게 체험할 수 있다. 본 기자는 화석 연료의 문제점인 대기 오염에 숨이 막혔고, 원자력 발전소 사고의 두려움을 체험했다. 생물을 이용해 에너지를 만드는 바이오 연료도 제작했으며, 태양광 에너지로 움직이는 우주선도 탔다.

우리는 에너지 없이 살 수 없다. 에너지의 영향력은 점점 커지고, 지금 사용하는 에너지원의 문제점도 점점 두드러지고 있다. 새로운 에너지를 찾기 위한 노력은 많지만, 실제로 미래의 에너지를 알고, 체험할 기회는 거의 없다. '괴상하고 무서운 에너지 체험관'을 권하는 이유다.

괴상하고 무서운 에너지 체험관

실감 나는 가상 현실 체험 공간 구비!
미션 달성 시, 특별한 기념품 증정!

에너지의 모든 것!
괴상하고 무서운 에너지 체험관에서
직접 경험해 보세요!

주소: 오성시 별빛로 822-12,
괴상하고 무서운 에너지 체험관

〈통신문 칼럼〉 정부의 에너지 정책만 탓할 시간이 없다

청정 에너지 연구소 최진우 연구원

우리나라는 석탄을 제외하곤, 화석 연료(석유, 천연가스)가 나지 않는 국가입니다. 하지만 에너지 산업은 화석 연료에 가장 많이 의지하고 있습니다. 화석 연료는 매장량의 문제, 환경 오염의 문제를 가지고 있습니다. 화석 연료의 시대가 얼마 남지 않았다는 주장도 높습니다. 그런데 화석 연료를 대체할 것으로 기대했던 원자력 역시, 사고의 위험성 때문에 찬반 의견이 분분합니다.

현대는 에너지가 지배하는 사회입니다. 단 하루라도 전기 에너지가 사라진다면, 석유와 천연가스가 없다면 어떻게 될지 상상해 보십시오. 그러기에 언제까지 에너지에 대해 논의만 하며 시간을 보낼 수는 없습니다. 미래를 위한 에너지 계획이 필요합니다. 그래서 정부의 에너지 정책이 중요합니다. 미국, 일본, 중국은 화석 연료를 확보하는 방향으로 결정했습니다. 유럽은 에너지를 절약하는 동시에, 재생 에너지를 개발하는 방향으로 정책을 펴고 있습니다.

우리나라의 에너지 정책은, 화석 연료와 원자력 에너지의 사용을 줄이고, 재생 에너지를 확보하는 방향으로 진행하고 있습니다. 대규모 태양광 발전소, 태양열 발전소, 조력 발전소를 건설했고 건설할 계획입니다. 전기 자동차에 이어 수소 자동차가 생산되고, 에너지 하베스팅 기술, 바이오 에너지 기술도 연구가 계속되고 있습니다.

정부의 에너지 정책도 중요하지만, 국민의 의식도 바뀌어야 합니다. 화석 연료의 문제점을 걱정하면서도 새로운 에너지원에 대해 막연한 거부감을 가지고, 공기 오염에 고통받으면서도 공기 오염을 줄이는 노력은 하지 않고, 에너지를 낭비하면서 에너지원의 가격이 오르는 것을 불평만 한다면, 제아무리 뛰어난 에너지 정책도 지금의 상황을 개선할 수 없습니다. 정부의 안정적인 에너지 확보와 함께, 국민에게 에너지 절약과 효율적인 에너지 사용 방법에 대한 정보와 교육이 제공되어야 합니다.

지속가능한 에너지가 대한민국의 미래를 뒷받침합니다. 그 미래는 정부와 국민이 함께 준비해야 합니다.

꺼진 에너지도 다시 보자, 에너지 하베스팅

오성 어린이 통신문 기자 황송하지

우리가 가장 많이 사용하는 에너지는 전기 에너지다. 대부분의 전기 에너지는 발전소에서 대량으로 만들어진다. 하지만 우리가 생활하면서도 전기 에너지를 만들 수 있는 에너지 하베스팅이 미래의 에너지로 각광을 받고 있다. 특히 에너지 하베스팅은 우리가 생활하면서 저절로 만들어지는 에너지, 혹은 버려지는 에너지를 이용해 전기 에너지를 만들고, 환경 오염을 시키지 않는다는 장점도 있다. 에너지 하베스팅을 이용한 제품을 소개한다.

1. 축구공: 공이 구를 때마다 발생하는 회전 에너지를 전기 에너지로 바꿔서 저장하는 축구공이다. 30분간 공놀이를 하면 3시간 동안 사용할 전기 에너지가 만들어진다.

2. 마스크: 사람이 숨 쉴 때 생기는 열에너지를 모아 전기 에너지로 바꾸는 마스크이다.

3. 운동화: 걸을 때, 발이 땅을 누르는 압력을 전기 에너지로 바꿔주는 운동화다. 신발 고무창에 압력 에너지를 전기 에너지로 바꾸는 압전 소자(전력 생산 타일과 같다.)와 배터리가 있어서 전기 에너지를 모은다.

4. 청바지: 사람의 체온으로 전기 에너지를 만드는 바지다. 휴대 전화를 충전한다.

편/집/후/기

[한국 기자상] 통신문 등 8편 선정

한국기자협회는 5월 심사 회의를 열어 통신문의 〈오성시, 규모 5.5 지진 발생〉 등 모두 8편을 올해의 한국 기자상 수상작으로 선정했다.

또한 오성시 보궐선거 후보들의 이력을 특집 기사로 다룬, 통신문 특별호 〈4월 20일 새 오성시장을 뽑는다〉는 기획보도 부문우수보도상에 선정됐다.